Der Wassermann in uns allen

Diese neuartige Symbolkunde enthält die Aussagen von Astrologie, Tarot, Traum- und Märchendeutung über das Tierkreiszeichen Wassermann. Angesprochen sind damit alle symbolisch und psychologisch Interessierten.

● Alle, die im Wassermann-Monat (20.1.–18.2.) Geburtstag haben, finden hier verblüffende Neuigkeiten über ihr Zeichen.

● *Jedes* Tierkreiszeichen wird vom Wassermann beeinflußt.
Für den Widder beflügelt Wassermann das Bewußtsein.
Für den Stier ist Wassermann Berufung und Lebensaufgabe.
Für die Zwillinge bestimmt Wassermann die Weltanschauung.
Für den Krebs bleibt Wassermann ein großes Geheimnis.
Für den Löwen wird Wassermann zur Begegnung mit seinem »anderen Ich«.
Für die Jungfrau bedeutet Wassermann eine zweite Heimat.
Für die Waage ist Wassermann die reinste Spielwiese.
Für den Skorpion bedeutet Wassermann Quelle und Ursprung.
Für den Schützen klärt Wassermann das persönliche Selbstbild.
Für den Steinbock besorgt Wassermann Unterstützung und Abenteuer.
Für die Fische bringt Wassermann entscheidende Lösungen.

● Wenn Sie neue Wege gehen und sich selbst besser verstehen möchten, sollten Sie den Wassermann näher kennenlernen. Denn er besitzt den

Zauber des Eigenen

● Wo immer Sie aufmerksame Spannung, Wissensdrang und Sensationslust verspüren, da meldet sich Ihr Wassermann.

● »Wassermann« ist ein symbolischer Ausdruck für den Rhythmus, die Nervenkraft und die geistige Koordination in uns allen.

Der Autor Johannes Fiebig, Jahrgang 1953, ist vielen Leserinnen und Lesern durch seine Tarot-Bücher und Vortragsreisen bekannt. Der Autor, seines Zeichens Widder (genauer: Sonne in Widder, Mond in Waage, Aszendent in Stier und Himmelsmitte in Steinbock), hat Traumdeutung studiert und über Märchen veröffentlicht. Er lebt in Klein Königsförde, Schleswig-Holstein.

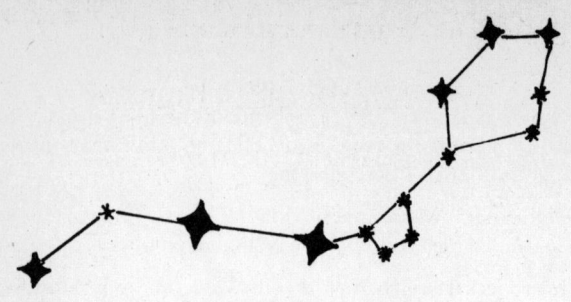

Sternbild Wassermann
(Aquarius)

Johannes Fiebig

Der Zauber des Eigenen

Der Wassermann in uns allen

KÖNIGSFURT

Originalausgabe
1. Auflage Dezember 1989

Copyright © Königsfurt Verlag
Bürger & Fiebig
Königsfurt 6
D-2371 Klein Königsförde
am Nord-Ostsee-Kanal

Titelbild und Umschlaggestaltung:
Peter Weber, Wiebelskirchen

Abbildung der Tarot-Karten:
Rider Waite Tarot und Crowley Thoth Tarot –
Bezugsquellennachweis und Copyright
bei AG Müller, Neuhausen/Schweiz.
Ancien Tarot de Marseille –
Copyright bei Ets France Cartes – Grimaud, Paris.

Gesamtherstellung: Clausen & Bosse, Leck
Printed in West Germany

ISBN 3-927808-11-3

Inhalt

*Im Gedenken an Bruno Fiebig,
Hermann Kraayvanger
und Franz Hochhaus.*

Nur wer an die Zukunft glaubt,
glaubt auch an die Gegenwart.

(Brasilien)

Symbole erfahren zum Ende des 20. Jahrhunderts eine neuartige Funktion. Symbole verweisen in unserer Zeit auf persönliche Chancen und Aufgaben. Sie stellen das individuelle Leben in einen größeren Zusammenhang. Symbole verkörpern in sich Frage und Antwort, Rätsel und Lösung. Sie sind ein Spiegelbild des Menschen, und um sich selbst und das Menschliche besser zu verstehen, wird heute von vielen Symbolkunde betrieben.

Der Zweck des vorliegenden Bandes der Reihe »Symbolsprachen« besteht in einer Einführung in die Symbolkunde sowie in einer Darstellung der vier wichtigen Symbolsprachen Astrologie, Tarot, Traumdeutung und Märchen. Der Schwerpunkt in diesem Buch liegt auf solchen Ergebnissen dieser Symbolsprachen, die mit dem Tierkreiszeichen Wassermann zusammenhängen: Was haben die Symbolsprachen dem Wassermann zu sagen? Welche Fragen stellen sich aus der Sicht des Wassermanns in den einzelnen Symbolsprachen?

Ein Gruß an alle Tarot-Freundinnen und -Freunde ist die gemeinsame Interpretation von Rider-, Crowley- und Marseiller Tarot in diesem Buch. Eigens für den Wassermann-Typus wurde ein Register aufgenommen (S. 151 ff.), das es erleichtern wird, interessante Querverbindungen und innere Zusammenhänge während der Lektüre festzustellen.

Ein Wassermann geht »baden«

Was Sie über den Wassermann wissen sollten

Was den Wassermann auszeichnet, ist seine Einzigartigkeit. Wenn man sich auf etwas bei ihm verlassen kann, dann auf Überraschungen, die seine Besonderheit erneut unter Beweis stellen. Der Wassermann ist die »kosmische Datenbank«, die jede/r in sich trägt. Wassermann verkörpert das bewußte oder unbewußte Wissen einer Person. Das Plötzliche, Unverhoffte und Verblüffende, das den Wassermann so sehr kennzeichnet, dient ihm weniger einer Sensationslust als solcher. Viel eher handelt es sich um reflexhafte Anpassungen, gedankenschnelle Umorientierungen, die der Wassermann ganzheitlich, mit seinem gesamten Verhalten durchführt oder nachvollzieht.

Der Wassermann besitzt eigentlich keine besondere Beziehung zu Wasser. Er ist dem Luftelement zugeordnet, dem Reich des Geistes, der Informationen und der Gedanken. Was den Namen des Tierkreiszeichens Wassermann dennoch stimmig macht, sind übertragene Bedeutungen von »Fluß« und »Strom«. Der Wassermann achtet auf seine Freiheit, vor allem um dem *Fluß* seiner Energien jeweils folgen zu können. Der Wassermann liebt es, Dinge und Beziehungen im Fluß, offen, verbindlich, jedoch ohne Verpflichtung zu halten. Von daher ist der Wassermann diplomatisch und kontaktfreudig, aber auch vorsichtig bei Risiken und bindenden Engagements.

Der Wassermann ist an vielen Aspekten des Lebens interessiert, das erschwert ihm die Konzentration. Er ist häufig auf dem Sprung und steht innerlich unter *Strom*. Die Elektrizität und die Nerven sind denn auch dem Wassermann zugeordnet. Jede Form von Energieübertragung ist mit dem Fließen und Strömen gemeint, in welchem der Wassermann zu Hause ist.

Der Name des Tierkreiszeichens gilt übrigens unverändert für *Männer* und *Frauen*, wie dies genauso etwa beim Tierkreiszeichen »Jungfrau« der Fall ist. Trotz der überlieferten Bezeichnung kommt die weibliche Seite nicht zu kurz. »Wissen« – die charakteristische Definition des Wassermanns – bezieht sich auf frauliches und männliches Wissen, auf das von Kindern und von Erwachsenen, auf bewußtes und unbewußtes Wissen. Und in dieser bestimmten Bedeutung muß der Wassermann doch »baden« gehen. Um zu sich selbst zu gelangen, muß der Wassermann nämlich sein altes Wissen irgendwann aufgeben und ein neues erwerben. Nicht einfach wegen der Wassermann-Devise »Öfter mal was Neues«, sondern weil ihm ein persönliches Verständnis seiner besonderen Eigenart nicht in die Wiege gelegt wird. Er muß es erst lernen, sich in der Welt *selbst zu verstehen*. Solange dies noch wenig entwickelt ist, hat der Wassermann – nicht ohne Grund – erhebliche *Platzangst*.

Einmal und wieder kommen die Tage und die Nächte, wann der Wassermann nach einem neuen Wissen zu suchen beginnt. Dabei erlebt er Momente des »Schwimmens«, Unstetigkeiten wie Luftlöcher, in denen das alte Wissen nicht mehr und das neue Wissen noch nicht trägt. Doch der Wassermann erweist sich als Meister der Zwischenschritte. Er webt sich ein Netz, das die Kluft überspannt und ihn schwankenden Fußes hinüberführt.

Die Bedeutung des Wassermanns für die anderen Tierkreiszeichen

Alle Formen des Absonderlichen, Eigenartigen und Befremdlichen können den Wassermann prägen. Aber im Kern geht es ihm meistens darum, seine Besonderheit leben zu können, d. h. seine Eigenart *in* einer Gemeinschaft verwirklichen zu können. Von daher bestimmt sich die Bedeutung des Wassermanns für die anderen Zeichen. Immer wenn das Eigene vom Anderen unterschieden werden soll, wenn Geeignetes und Ungeeignetes zu sondern ist, dann ist der Wassermann vonnöten. Der Wassermann hilft dabei, Vorstellungen zu klären, zu kristallisieren und zu realisieren. Das betrifft beim Widder die Identität; beim Stier das Selbstwertgefühl; bei den Zwillingen die Selbsterkenntnis; beim Krebs die persönliche Logik; beim Löwen die Selbstbehauptung; bei der Jungfrau die Selbständigkeit; bei der Waage die Urteilskraft; beim Skorpion die Zielentscheidungen; beim Schützen die Sinnfindung; beim Steinbock die Aufgabenstellung; beim Wassermann die Selbst-Verständlichkeit und bei den Fischen die großen Leidenschaften.

Was bringt es den anderen Tierkreiszeichen, wenn sie zur Lösung ihrer genannten Fragestellungen den Wassermann zu Rate ziehen? Ein Stier kann zum Beispiel große Energien in die Ausnutzung von *Sonderangeboten* stecken. Der Wassermann kann, wenn er bewußt gefragt wird, erklären: »Nichts gegen Sonderangebote, aber wenn du dein Selbstwertgefühl stärken willst, dann mach's auch ausdrücklich. Sonst verlierst du durch Hektik beim Kaufen mehr, als du durch die Preise gewinnen kannst.«

Astrologische Definitionen
der Tierkreiszeichen

Widder:	Ich bin.
Stier:	Ich habe.
Zwillinge:	Ich denke.
Krebs:	Ich fühle.
Löwe:	Ich will.
Jungfrau:	Ich analysiere.
Waage:	Ich gleiche aus.
Skorpion:	Ich begehre.
Schütze:	Ich sehe.
Steinbock:	Ich nutze.
Wassermann:	*Ich weiß.*
Fische:	Ich glaube.

Einige Charakteristika des Wassermanns

Der Wassermann liebt und braucht
die Großstadt – und die einsame Insel
den Platz im Scheinwerferlicht – und stille Verehrung
die Paradiesvögel – und das Unauffällige
die Sensationen – und das Gleichförmige
ewige Jugend – und graue Haare
großes Wissen – und große Ungewißheit
das Einzigartige – und die Serie
das Verblüffende – und das Überschaubare
Adler – und Taube

Der Wassermann
ist ein Dandy und ein Rowdy,
ein Automat und ein Ästhet,
ein Träumer und ein Sachwalter.

Im Faible des Stiers für Sonderangebote erkennt der Wassermann aber auch seine Suche nach dem Besonderen wieder. Und er begreift, daß sich seine Lust am Unkonventionellen in den verrücktesten und naheliegendsten Formen ausdrücken kann.

Wie tritt der Wassermann in Erscheinung?

Positiv – negativ – aktiv – passiv. Die vier Wörter sollen sagen: Jedes typische Merkmal des Wassermanns – z. B. Wissensdrang – kann als solches auftreten (positiv: Wissensdrang) oder als sein Gegenteil (negativ: Wissensvermeidung); dies beides kann über die eigene Person (aktiv) oder durch andere erlebt werden (passiv).

Sternstunden bei Tag und bei Nacht

Astrologie für neugierige Wassermann-Menschen

Aquarius ist eines der ältesten Tierkreiszeichen. Schon die Babylonier kannten diesen Wassermann, der gerade heute für nicht wenige ein Symbol der Hoffnung auf Anbruch eines neuen Zeitalters ist. Sicherlich kennen Sie auch die eine oder andere der Standard-Definitionen des Wassermanns:

- unkonventionell
- interessiert
- wissensorientiert
- idealisierend
- freiheitsliebend
- gleichheitsversessen
- nervös
- freundlich.

Von solchen Formeln über den Wassermann sind einige in Umlauf. Für sich genommen, können diese Merkmale sogar stimmen. Aber sie sind doch wie Krümel aus einem großen Kuchen: Kein Vergleich mit dem Genuß der ganzen Sache!

Wie kommt jedoch die Astrologie zu den Charakterzügen eines Tierkreiszeichens? Worauf beziehen sich die genannten Kennzeichnungen des Wassermanns? Im wesentlichen sind dabei drei Faktoren maßgeblich:

- Die Stellung im Tierkreis
- Die Zugehörigkeit zu einem Element
- Die Vorherrschaft bestimmter Planeten.

Eisblumen...

Im Tierkreis tritt der Wassermann an 11. Stelle auf. Es ist die Zeit vom 20. Januar bis zum 18. Februar eines Jahres, die *Wintermitte*. Stellen Sie sich einen sonnigen, klaren Wintertag vor – mit weiter Sicht, unverfälschten, vielleicht etwas durchscheinenden Farben, die Dinge liegen offen vor Ihnen, so daß auch räumlich ferne Gefilde Ihnen deutlich und greifbar vor Augen liegen. Das ist Wassermann: Große Perspektiven, klarer Überblick; Entfernungen sind kein Hindernis, eher Ansporn. Sehnsucht nach Weite, nach Freiheit, nach Entfesselung, Entgrenzung.

Denken Sie nun an einen trüben, grauen Wintertag – die Welt wirkt recht schmuddelig, irgendwie einerlei, bedeutungslos. Auch darin findet sich ein Teil des Wassermanns: Mißtrauisch gegenüber allzu krassen Schwarz-Weiß-Gegensätzen, bevorzugt er lieber Grautöne, die Zwischentöne: Er bleibt vorsichtig im Umgang mit verpflichtenden Emotionen und zugespitzten Extremen.

Ein Wintertag kann ein Schneetag sein, und auch das zeichnet mit das Bild des Wassermanns. Wie Kinder lustig im Schnee tollen, so kann der Wassermann uns ein Leben lang immer wieder mit jugendlichem Schwung und närrischem Übermut überraschen. Das hängt mit dem besonderen *Esprit* des Wassermanns zusammen.

Mitten im Schnee kann, vor allem auf dem Land, alles sichtbare Leben wie unter einem weißen Leinentuch verborgen sein. Das Verschwinden des Einzelnen, die Beheimatung in einer gleichförmigen, gleichsam willen-

oder widerstandslosen Welt können für den Wassermann typisch sein. Ebenso *Coolness*, Unterkühltheit, Abgebrühtheit, aber auch eine Art von Präzision und Unberührtheit.

Der Schnee kann schließlich, besonders in den Großstädten, zum Ärgernis geraten darüber, daß man den Wechselfällen der Natur überhaupt noch ausgeliefert ist. Damit sind wir bei einem weiteren Wintermotiv, das den Wassermanntypus prägt: Die Städte (und allgemeiner die Zivilisation), in denen man unter Umständen gar nicht merkt, ob Frühling oder Winter herrscht, wo das Wetter eine Randnotiz, selbstgesetzte Termine wichtiger als die Jahreszeit und die erhältlichen Produkte weitgehend unabhängig von den Erntezeiten sind. Die *große Stadt* ist nicht allein, aber doch vorrangig ein Wassermann-Thema.

Der »Null-Winter« in den Städten erweist sich als typisch für den Wassermann, weil dieser in allen Angelegenheiten – und so auch beim Wetter – nach Unabhängigkeit, nach Auflösung eines verpflichtenden Zusammenhangs strebt.

Welche Konsequenzen daraus folgen, ist noch zu entscheiden. Die »Lichter der Großstadt« können den Sternenhimmel verdrängen. Sie können aber auch eine Voraussetzung dafür sein, daß wir uns selbst und gegenseitig als »Sterne« erkennen.

...und Tanz auf dem Vulkan

Das Motiv der Loslösung aus unfreiwilligen Abhängigkeiten ist freilich nicht erst ein modernes Kennzeichen des Wassermanns. Versetzen wir uns einmal in die Zeit unserer Vorfahren, in der Volksbrauch und christlicher Ritus noch eine größere Rolle im täglichen Leben spielten. Bedenken Sie: Im Tierkreis tritt der Wassermann an 11. Stelle auf. Es ist Wintermitte, und vielerorts wird Fastnacht gefeiert (häufig unter Vorsitz eines *Elferrats*). Eine bis zwei Wochen lang ist gleichsam »Fünf vor zwölf«: Vor der langen *Nacht des Fastens* tobt sich der Mensch im Karneval aus, er/sie fährt auf dem Narrenschiff, halb beängstigt und halb belustigt im Angesicht der nahenden Auflösung und der ersehnten Erlösung.

Volksbrauch und christlicher Ritus haben die Wochen vor Ostern zu einem dramatischen Kampf zwischen Tod und Geburt, zwischen Auflösung und Auferstehung gestaltet. Auf der einen Seite wirken dabei Winterende, Vollendung des Jahreskreises und christliche Passionsgeschichte, auf der anderen Seite Frühlingsanfang, Neubeginn des Jahreskreises und die Osterbotschaft von der Überwindung des Todes. Nun können zwar Aschermittwoch und Beginn der Fastenzeit kalendarisch durchaus einmal in den Wassermann-Monat (bis zum 18. 2. eines Jahres) fallen; die Termine überschneiden sich manchmal. Aber vom tatsächlichen und symbolischen Gehalt her sind Aschermittwoch, Fasten- und Passionszeit Themen des Tierkreiszeichens Fische. Die charakteristische Zeit des Wassermanns ist der Fasching oder Karneval, der Abschnitt unmittelbar *vor* dem Anbruch des gigantischen Entscheidungskampfes zwischen Winter und Frühling.

Dieser Standort (oder besser Zeitort) kennzeichnet den Wassermann. Ein – bewußter oder unbewußter – Hang zum »Verrücktsein«, zur Unkonventionalität, zum Exzentrischen, Unverhofften und Verblüffenden ist dem Wassermann eigen, eine Neigung zum Bizarren, Absonderlichen und Verdrehten. Ebenso die Lust am Spiel, an theatralischen Inszenierungen, an »schrägen« Einfällen, an Ritualen, die ins Gegenteil verkehrt werden. Auch der unvermittelte Wechsel von tragischen zu komischen Momenten und umgekehrt bestimmt den Wassermann. Außer der Fastnacht sind Zirkus und Theater typische Wassermannspielplätze, insgesamt alle Gelegenheiten, bei denen es um Sensationen und spektakuläre Auftritte geht.

Dabei können diese Qualitäten des Wassermanns für die einzelne Person Segen oder Fluch bedeuten. Der spezielle Zeitort kann zur Konsequenz haben, daß der Wassermann-Mensch sich zeitlebens wie *vor* einem Endkampf fühlt, den er/sie doch nie erreicht oder vollführt. Also eine Situation der permanenten Anspannung, der Aufladung und der unterschwelligen Kraftansammlung, der die Anwendung und die Entladung fehlen. Im Guten wie im Schlechten lassen sich die Qualitäten des Wassermann-Typus als ein *Zustand der ziellosen Spannung* begreifen.

Dieser Wesenszug kann den Wassermann-Menschen das Leben ziemlich sauer oder nichtssagend werden lassen. Auf der ganz anderen Seite verleiht dieser selbe Zustand der »absichtslosen Absicht« aber eine schwerelose Sicherheit, eine tänzerische Leichtigkeit, die tatsächlich fantastisch sind. *Seiltänzer/in* und *Schlittschuhläufer/in* sind klassische Wassermannfiguren, die in diesen Zusammenhang gut passen.

Erklärlich durch seine Stellung im Jahreskreis verfügt der Wassermann im besten Falle über eine bewußte

Selbstverständlichkeit in Sachen Leben und Tod, wie sie kein anderes Tierkreiszeichen besitzt. Der Wassermann findet damit zu einer unverfälschten und unverkrampften Bewußtheit, die außerordentlich beneidenswert erscheint. Hierin besteht auch der Grund für die Freundlichkeit, die als eines der Standardmerkmale des Wassermannes zählt. Und ein weiterer ganz entscheidender Charakterzug des Wassermanns findet hier seine Basis: die persönliche Klarheit, die Brillanz, die Ausstrahlung, die für Wassermann-Männer und -Frauen in aller Regel typisch sind. Kein anderes Tierkreiszeichen kann sich so illusionslos die Realitäten der eigenen Existenz, einschließlich Höhen und Tiefen, Anfang und Ende, vergegenwärtigen, um *dadurch bestärkt* und mit Freude sich dem zuzuwenden, was momentan interessiert. Große, schöne, glänzende Augen stehen mit der Verwirklichung des Wassermanns in einer/m in direktem Zusammenhang.

Gefahren entstehen dem Wassermann immer da, wo im schlechten Sinne Leben und Tod, die Geheimnisse der eigenen Existenz »kein Thema« sind, wo eine Selbstverständlichkeit aus Fraglosigkeit herrscht. Der Wassermann in uns neigt dann dazu, Probleme zu umschiffen und insbesondere Tabus tatsächlich tabu sein zu lassen. Gelingt das dann einmal wider Willen nicht, kann der Wassermann auch sehr zynisch werden und eine haltlose Boshaftigkeit an den Tag legen. Oder das frühere Unthema wird nun zu einer verbohrten Besessenheit. – Es ist interessant, dieses Spektrum des Wassermanns in uns allen zu sehen: Auf der einen Seite cool, unberührt und abgebrüht; auf der anderen Seite sensationell-unnormal, mit Humor dabei, eigene und fremde Traditionen aufzubrechen oder zu »verfremden«; und dann wieder scheu oder bitter vor der Aufgabe, eigene Selbstverständlichkeiten aufzuheben und auch über sich selbst hinauszugehen.

Höhen- und Tiefflüge

Solches Wechselspiel, solche Kippfiguren und solche Umschlagpunkte gehören zur Charakteristik eines jeden Tierkreiszeichens, wiewohl sie als solche »typisch Wassermann« sind. (Das bedeutet nebenbei: Ein Stück Wassermann steckt in jedem Tierkreiszeichen, wie auch umgekehrt ein Teil von jedem anderen Zeichen im Typus des Wassermanns enthalten ist.) Das Wechselhafte liegt nun für den Wassermann förmlich in der Luft. Das ruhige Gleiten ist zum Beispiel Sache des Wassermanns, die geschickte Anpassung an Bewegungen und Strömungen im Luftraum, mit sparsamen, aber effektvollen eigenen Flügelschlägen. Ebenso sind jedoch auch jähe Sturzflüge und übermütiges Trudeln angezeigt, mutwillige Salti und Böen der Überraschung. Luft ist das dem Wassermann zugeordnete Element. Darin findet er sein Zuhause und sein Königreich.

Die Vorstellung von den vier Grundelementen Feuer, Wasser, Luft und Erde ist mit der Astrologie vor Jahrtausenden entstanden. Weit über das Gebiet der Astrologie hinaus hat diese Vorstellung das abendländische Denken mitgeprägt. Wir treffen sie in den vier Jahreszeiten, den vier Himmelsrichtungen, den vier Temperamenten u. v. a. m. Teilweise haben die vier Elemente sogar universelle Bedeutung verlangt, wie im Kreuzzeichen oder dem mathematischen Koordinatensystem. Auf psychologischem Gebiet liegt den vier Elementen die Vorstellung zugrunde, daß die Kenntnis der vier Elemente hinreichend und notwendig ist, um Verhaltens- und Charaktertypen zu bestimmen. Die vier Elemente sind einer Windrose vergleichbar. Sie erlauben es quasi, bestimmte Merkmale auf der seelischen Landkarte zu »verorten«.

Zum Verständnis der vier Elemente trägt die Kenntnis des Einzelelements wie des Zusammenspiels aller vier Elemente bei (s. dazu den Kasten auf S. 24/25).

Innerhalb eines jeden Elements gibt es drei unterschiedliche »Härtegrade«:

● *Ein kardinales oder beginnendes Zeichen.*
Hier geht es um die Anfangsgründe und -schwierigkeiten der Qualitäten des betreffenden Elements. Wie in einem Keim ist hier alles enthalten, das heißt besonders dicht und direkt, zum Teil sehr feingliedrig, zum Teil wenig differenziert. Hier werden Grundsätze und Leitmotive ausgebildet.

● *Ein mittleres oder festes, festigendes Zeichen.*
Das sogenannte »fixe« Zeichen betrifft die Mitte, die Verbindungslinien und die Zusammenhänge der Qualitäten des betreffenden Elements. Wie in einem blühenden Gewächs ist hier alles enthalten. Die Anlagen und Entwicklungslinien sind sichtbar, ausgewachsen, wenn auch noch nicht unbedingt ausgereift. Hier werden Muster und Komplexe ausgebildet.

Die vier Elemente

Feuer

bedeutet Lebensfeuer, Lebensenergie, Begeisterung und Lebendigkeit. In der Natur sind es vor allem die Sonne, Feuer aller Art und Blitze, die in ihren verschiedenen Erscheinungs- und Wirkungsformen die Kraft des Elements Feuer zur Geltung bringen. Im menschlichen Verhalten verleihen besonders die *Daseinsfreude*, der *Wille* und die *Intuition* der Feuerkraft Ausdruck.

Weitere Merkmale des Elements Feuer: Lebenslust und Leidenschaft, Zeugungs-, Schaffens- und Gestaltungskraft, Einsatzbereitschaft und Macht, Durchsetzungsvermögen. Charakteristisch für das Element Feuer sind Entschlüsse und Taten. Schwierige Situationen (»Feuerproben«) werden gemeistert, indem man etwas tut: »*Es muß etwas geschehen.*«

Zum Element Feuer gehören die Tierkreiszeichen Widder, Löwe und Schütze.

Wasser

bedeutet Lebenselixier, Lebensfülle, Seele und Seligkeiten. In der Natur bringen der Mond sowie Gewässer jeder Art die Kraft des Elements Wasser zum Ausdruck. Im menschlichen Verhalten sind es vor allem das *Gefühlsleben* und die *persönlichen Bedürfnisse*.

Weitere Merkmale des Elements Wasser sind Mitgefühl, Eingebungen, Träume, Stimmungen und das Unbewußte. Charakteristisch für das Element Wasser sind Offenheit und Hingabe. Schwierige Situationen (»sich freischwimmen müssen«) werden gemeistert, indem man die Gefühle prüft: »*Auf die richtige Einstellung kommt es an.*«

Zum Element Wasser gehören die Tierkreiszeichen Krebs, Skorpion und Fische.

Luft

bedeutet menschliche Atmoshäre, Lebensgeister, geistige Energie und Gedankenwelt. In der Natur sind es der Luftraum und die Erdatmosphäre und im übrigen die Sterne (die durch die irdischen Luftschichten erst für uns funkeln), die die Kraft des Elements Luft in seinen verschiedenen Formen zur Geltung bringen. Im menschlichen Verhalten sind es besonders *Denken, Wissen und Vorstellungskraft, Bewußtheit und Intelligenz,* die dem Element Luft entsprechen.

Weitere Merkmale des Elements Luft: Geistesgegenwart und Gedankenkraft, Begriffe, Werte, Beurteilungen, ästhetische Maßstäbe und Mitteilungskünste. Charakteristisch für das Element Luft: Erkenntnisse und Entscheidungen. Schwierige Situationen (»harte Nüsse«) werden gemeistert, indem man die erforderlichen Lernprozesse bewältigt: *»Jetzt ist es klar.«*

Zum Element Luft gehören die Tierkreiszeichen Waage, Wassermann und Zwillinge.

Erde

bedeutet Materie, Stoff, körperliches Leben und Lebenszyklen, insgesamt die materiellen Lebensverhältnisse. In der Natur ist selbstredend die Erde, auf der und von der wir alle leben, Inbegriff der Erdkräfte. Gemeint ist dabei sowohl die Erdkugel als Ganzes wie auch die Erde im Sinne von »Muttererde«, Lehm, Sand, Kies, Stein usw. Im menschlichen Verhalten drücken sich die Kräfte des Elements Erde vor allem in *körperlichen Empfindungen und Ahnungen* aus.

Weitere Merkmale des Elements Erde: Praktische Fähigkeiten, angewandte Talente, genutzte Chancen. Lebensunterhalt, Lebenserhaltung, Betroffenheit, Fruchtbarkeit, Wachstumskräfte und Natürlichkeit. Charakteristisch für das Element Erde sind Produkte – Ergebnisse, Fakten und Definitionen. Schwierige Situationen (»Belastungstests«) werden gemeistert, indem man für etwas eine feste Form schafft: *»So kann es bleiben; so muß es jetzt sein.«*

Zum Element Erde gehören die Tierkreiszeichen Steinbock, Stier und Jungfrau.

- *Ein schließendes, veränderliches oder schlußfolgerndes Zeichen.*

Dabei geht es um die Konsequenzen, die Extreme und die Zuspitzungen der Qualitäten des betreffenden Elements. Wie in einer reifen Frucht ist hier alles enthalten. Stärken und Schwächen des Elements sind hier am deutlichsten zu unterscheiden, gehen hier jedoch auch am ehesten einen faulen Kompromiß ein. Hier werden Horizonte und Glaubenssätze ausgebildet.

Anzumerken bleibt, daß die drei Stufen oder Phasen eines Elements in der Wertigkeit oder unter den Gesichtspunkten von Vor- und Nachteilen untereinander gleich sind. (Wie auch die zwölf Tierkreiszeichen: Sie unterscheiden sich in ihren Inhalten, Bedeutungen und Botschaften. Aber keines der zwölf Zeichen ist besser oder schlechter als ein anderes.) Im Element Luft ist

- Waage – das kardinale Zeichen,
- Wassermann – das mittlere oder feste Zeichen und
- Zwillinge – das schließende oder veränderliche Zeichen.

Das bedeutet: Innerhalb des Luftraumes oder Luftbereiches ist die Waage tendenziell der Pionier, der Testpilot oder der Versuchsballon. Zwillinge berühren tendenziell die Grenzen des Luftraumes, entweder durch den Übergang zu einer »Odyssee im Weltraum«, die »völlig losgelöst« zu erdverlorenen Sternen flippt, oder durch die Transformation des Denkens, die dann ansteht, wenn ein Denken sich selbst begreift. Der Wassermann nun ist der Flugkapitän, der Albatros, der Adler, das Luftschiff. Er ist tendenziell nicht der erste und auch nicht der letzte, der abhebt. Wenn er sich in die Lüfte schwingt, bringt er gleichsam sein ganzes Haus, seine Existenz mit.

Das Element Luft, d. h. Denken, Wissen, Bewußtheit und Intellekt sind für den Wassermann weder Start noch Ziel, auch nicht Mittel zum Zweck. Das bewußte Leben ist seine Existenz. Der Wassermann lebt in einer geistigen Welt, wo und wie auch immer er leben, lieben und arbeiten mag. Das kann ein sehr abgehobenes, verkopftes Dasein bedeuten. Arroganz und Hochnäsigkeit können dazugehören und einen Lebensweg als unverbesserliche/r Traumtänzer/in oder als hartgesottene/r Controller/in oder Aufsichtsperson bewirken.

Andererseits kann die besondere Beheimatung des Wassermanns in der Welt des Geistes, der Erkenntnis und des Bewußtseins ein ausgesprochen menschliches Dasein bedeuten, reich und sinnvoll, weil es Sinn macht. »Das Denken ist eines der größten Vergnügen der menschlichen Rasse«, erklärte Bertolt Brecht, seines Zeichens Wassermann. Ein Wissen, das taugt, und ein Denken, das Vergnügen bereitet, sind wie frischer Wind und gute Luft, und diese braucht und liebt der Homo sapiens nun einmal von ganzem Herzen und aus tiefer Lunge.

Langer Atem …

Vom Element Luft leiten sich weitere klassische Zuordnungen zum Tierkreiszeichen Wassermann ab. Alles, was mit dem Atem, mit Luftholen, der Sauerstoffversorgung, der Belüftung usw. zu tun hat, ist – wie naheliegt – dem Element Luft zugeordnet. Wenn eine Person zum Beispiel Atemnot verspürt, oder umgekehrt meistens gut durchatmen kann, dann besteht in aller Regel ein Zusammenhang damit, wie diese Person auch im übertragenen Sinne die »Luft-Qualitäten« an sich selbst und in ihrer Umgebung erlebt. Alle Stärken und Schwächen des Atemsystems können bei jeder und jedem von uns ein Spiegelbild dafür sein, wie wir es mit dem Element Luft – und das heißt auch: mit Denken, Wissen und Vorstellungskraft – für uns selbst halten.

Interessant ist in diesem Zusammenhang die Thematik Luftverschmutzung und Smog. Diese bedeuten, daß Luft und Luftraum, die die längste Zeit der Menschengeschichte relativ wenig benutzt wurden, heutzutage massenhaft frequentiert und dabei u. a. mit Schlacken und Schadstoffen belastet werden, die als solche oder in ihrem Ausmaß neu sind. Wir sollten das Augenmerk einerseits auf die Abfallstoffe richten, um die Gefahren in der Luft zu minimieren. Darüber darf jedoch nicht vergessen werden, daß die Zukunftsfrage in der sinnvollen und vergnüglichen *Nutzung* des irdischen Luftraumes besteht. Das gilt auf der tatsächlichen wie auf der symbolischen Ebene, und in diesem Punkt ist ein noch größeres Problem als die Verschmutzung die völlige Beispiellosigkeit, mit der wir uns heute des Luftreiches bedienen dürfen und müssen.

Der Smog stellt als Sinnbild u. a. dar, daß eine gewohnte Existenzweise ihren Horizont verliert. Also brauchen wir Starthilfen und Katalysatoren auch für ein verändertes Weltbild, das neue Horizonte eröffnet.

...Tempo im Dauerlauf

Weiterhin entsprechen dem Element Luft die Ereignisse und Erscheinungen, die mit den *Nerven* und dem *Gehirn* zusammenhängen. (Die Nerven im Sinne von Gemüt werden zusätzlich dem Tierkreiszeichen Fische, das Gehirn auch dem Widder-Typus zugeordnet.) Die Koordinations-, Kontroll- und Steuerungsleistungen in jeder/m von uns sind Ausdruck, Reflex unseres Umgangs mit dem Luftelement.

Die bislang genannten Zuordnungen gelten im ganzen für alle drei Luftzeichen (Waage, Wassermann und Zwillinge). Die Spezialität des Wassermanns in diesem Verein ist der *Rhythmus*.

Stellen Sie sich einmal vor, Sie werfen einen Stein in einen klaren See. Der Stein fällt zum Grund, und während er fällt, verbreiten sich von der Eintauchstelle aus kreisförmig Wellen, gleichmäßig, stetig, immer weiter, schließlich verebbend. Wenn ein Mensch geboren wird, wird jedesmal gleichsam ein Stein ins Wasser geworfen. Jedesmal wird eine »Impulsquelle« geboren, die zeit ihres Lebens in ihrem eigenen, bestimmten Rhythmus schwingt. Der Wassermann handelt nun von diesem Rhythmus, von den Schwingungen, Vibrationen und Energiefeldern im Leben eines jeden Menschen. Alles, was damit zu tun hat, wie eigene und fremde Impulse sich ausbreiten können, sind kennzeichnende Wassermann-Themen.

Körperlich hängen neben der Atemqualität und der Nervenkraft, die schon angesprochen wurden, auch die Durchblutung und die Wahrnehmungsleistungen der Sinnesorgane mit vom »Prinzip Wassermann« ab. Dieses regelt die persönlichen »Strömungsverhältnisse«, den inneren und äußeren *Spannungszustand*. Die Elektrizität ist dem Wassermann zugeordnet, und insofern wirkt sich die Art und Weise, wie man mit den Wassermann-Qualitäten umgeht, in körperlichen Ladungen und Spannungen aus. Wo es einen kribbelt und juckt; ob Sie angespannt und entspannt sind; wenn Sie positive oder negative Spannungen anderer Menschen gegenüber empfinden oder ausdrücken – jedesmal regt sich der Wassermann in Ihnen. Er besitzt diese knisternde Energie, die Sie auch verspüren, wenn Sie einer Katze das Fell gegen den Strich bürsten und streicheln.

Die Regenerationskraft, die geistige Frische und die Fähigkeit, *wieder aufzutanken*, werden maßgeblich von Ihrem Wassermann-Anteil beeinflußt.

Zusätzlich sind die Beine, speziell die Unterschenkel und die Fußgelenke dem Wassermann zugeordnet. Daß »Rhythmus in die Beine geht«, ist Wassermann-Sache. Er muß laufen, tanzen und springen können. Schnelligkeit und Beweglichkeit werden von den Beinen getragen (der Wassermann ist ein Windhund), aber auch das Gewicht der eigenen Existenz wirkt auf die Beine (s. Durchblutungsstörungen, Krämpfe, »Versinken im Erdboden«).

Die Rhythmik und der Puls der großen Städte üben auf den Wassermann-Typus einen besonderen Reiz aus. Wenn es von den großen Städten heißt, daß sie niemals schlafen, dann entspricht das dem Wassermann, dessen Impulsquelle ebenfalls zeitlebens fortdauernd in Betrieb ist. Ein Markenzeichen für diese Seite des Wassermanns ist der/die ruhelose, nervöse Intellektuelle westlicher Prägung, wie wir ihn/sie als Existentialisten/in oder als »Stadtneurotiker« kennen.

Ein anderer Ausdruck desselben Sachverhalts ist der Dauerlauf – als Joggen, als Marathon und als Zustand, »keine Zeit« zu haben.

Im Zeichen der beharrlichen Erneuerung

Von den Städten noch einmal zurück aufs Land: Jedes Jahr ist in der Wintermitte Wassermannzeit. Während an der Oberfläche noch alles kahl oder schnee- und eisbedeckt daliegt, bereitet die Natur im Untergrund bereits einen neuen Frühling vor. Sie sammelt neue Kräfte und sorgt für die zweckmäßige Verteilung der Wachstumsstoffe des sich neubildenden Lebens. Wassermann ist zugleich ein Zeichen der Verharrung *und* der Erneuerung. Das zeigt sich ebenfalls in der *Charakteristik der Planeten*, die dem Wassermann in der Astrologie zugeordnet werden: Saturn und Uranus.

Der Planet Uranus wurde 1781 entdeckt. Es gibt Spekulationen, daß er in grauer Vorzeit bereits bekannt war und nun wiedergefunden wurde. Aber das sind Spekulationen. Bis 1781 kannten die klassische Astrologie und die wissenschaftliche Astronomie keinen Uranus, und alleiniger Regent (Herrscher) im Zeichen des Wassermann war der Saturn. Dieser regierte (und regiert) ebenfalls im Zeichen des Steinbock und war somit der einzige astrologische Planet, der zwei hintereinanderliegende Zeichen beherrschte.

Nun, 1781 wurde dies anders. Fünf Jahre nach der ersten Verkündung der Menschenrechte in der amerikanischen Unabhängigkeitserklärung und acht Jahre *vor* der großen Französischen Revolution wird Uranus entdeckt und zum Symbolstern für persönliche und gesellschaftliche »Freiheit, Gleichheit, Brüderlichkeit« sowie für »das unveränderliche Recht« auf »Leben, Freiheit und Verwirklichung der persönlichen Glücksvorstellungen«. Saturn wurde als Herrscher des Wassermanns entweder ganz abgelöst oder – dieser Auffassung folgt die vorliegende Darstellung – vom Alleinregenten zum Mitregenten, unter Federführung des Uranus. So oder so – die »Luftüberlegenheit«, die Vorherrschaft im Reich der Gedanken und des Geistes hatte gewechselt.

Verschiedene Arten der Freiheit

In der astrologischen Bedeutungsgeschichte vertritt Saturn zunächst die Kraft der Erde und gilt als eine weibliche Energie. Später wird er männlich definiert – vorzugsweise als alter Mann, als melancholischer Einzelgänger oder als einsamer Griesgram, ganz so, wie etliche Fabeln auch den »Mann im Mond« beschreiben. Oft überwiegen dabei Kälte und Unfreundlichkeit und Härte.

In den letzten zwanzig Jahren hat sich ein mehr ausgewogenes Verständnis etabliert, das positive *und* negative Züge des Saturn hervorhebt. Daran haben namentlich die Schriften von Liz Greene und C. G. Jung (über die Rolle des »Alten Weisen« im Prozeß der Selbstwerdung) mitgewirkt.

Aus heutiger Sicht läßt sich Saturn als die persönliche, ureigene *Lebensweisheit* umreißen. Saturn wirkt in den astrologischen Zeichen und Häusern wie ein/e überaus konsequente/r Lehrmeister/in in eigener Sache. Er bremst, hindert und blockiert »bis zum Geht-nicht-mehr«, solange die betreffenden Angelegenheiten nicht dem Wesen, dem »wahren Willen« einer Person entsprechen. Und er ist die sicherste Freundin, der wirkungsvollste Freund, ja, Schubkraft, Rückenstärkung und Bestätigung über alle Zweifel hinaus, sobald eine Person ihren Kern, ihr Wesen gefunden hat und daraus handelt.

Saturn vertritt die Art von Freiheit, die durch Einsicht in bestehende Zusammenhänge gewonnen wird. Das kann im Sinne jener berühmt-berüchtigten »Einsicht in die Notwendigkeit« verstanden werden, wie sie G.W. F. Hegel formulierte und wie sie der preußische Staat auf seine Weise für sich in Anspruch nahm. Tatsächlich wird das historische Preußentum nach gängiger astrologischer Auffassung auch dem Zeichen Wassermann zugeordnet. Aus dem preußisch-humanistischen Obrigkeitsdenken entstammt das Motto »Freiheit ist der Zweck des Zwanges«, was soviel heißt wie »Ich zwinge dich heute, damit du morgen frei bist«.

Diese Zwangsfreiheit hat mittlerweile ihre historische Berechtigung verloren, obwohl sie noch längst nicht ausgestorben ist. Nicht überholt (sondern im Gegenteil sehr ausbaufähig) ist jedoch die *Bindung von Freiheit an Einsicht und Verständnis*. Eine Meisterin oder ein Meister eines Faches gewinnen dadurch Souveränität und Freiheit im Umgang mit ihrem Metier, daß sie oder er *es kennen*. »Einsicht in die gegebenen Zusammenhänge« bewirkt hier eine selbständige, sichere Unabhängigkeit.

Die große Herausforderung, aber auch das unvergleichliche Unterstützungsangebot des Saturn besteht demnach in der Beschränkung auf das Wesentliche, in der Entwicklung zur Meisterin/zum Meister, zum echten Profi in eigener Sache. Für den Wassermann ergeben sich daraus die Aufgaben, seine geistigen Kräfte *fruchtbar zu machen* und seinen Vorstellungen *wirkliche* Bedeutung beizulegen.

Verschiedene Bedeutungen von Beliebigkeit

Im Unterschied zum Saturn vertritt Uranus die Freiheiten, die durch Unverständnis für die gegebenen Zusammenhänge, durch Einsicht in bestehende Zusammenhanglosigkeiten und in nichtexistierende Zusammenhänge gewonnen werden. Uranus steht für das »Genuine«, das Unmittelbare. Die Botschaft des Uranus lautet: Es gibt ein persönliches Leben *auch* vor, neben und nach allen »Zusammenhängen«. Uranus bricht die Bedeutung von Sachverhalten und die Beziehung zu Mitmenschen auf. An die Stelle setzt er das persönlich Selbstverständliche, das unerklärbar eigene »So und nicht anders«. Bleibt Uranus in den Kinderschuhen stecken, dann fehlt im Leben eines Menschen diese Selbstverständlichkeit sich selbst gegenüber. Oder aber man entwickelt unnütz-kindische, närrische Eigenarten, nur um eine Möglichkeit zu behalten, diesen Uranus, diese Unmittelbarkeit gegenüber Gott und der Welt und sich selbst auszuleben.

»Beliebigkeit« kann bedeuten, daß einer/m alles egal wird. Erfahrungen von Sinnlosigkeit und von Auflösung in Nichts gehören zum Standardthemenkreis des Wassermanns. Hier wird nun ein Motiv für diese Erfahrungen deutlich, das *jenseits von Sinn und Unsinn* liegt:

Uranus und Saturn

Saturn wurde nach dem römischen Gott der Aussaat und der Fruchtbarkeit benannt und entspricht in etwa dem Titanen Kronos. Dieser Name verbindet sich mit der Vorstellung einer Urzeit, eines goldenen Zeitalters. Andererseits wurde dem Kronos geweissagt, daß er von seinem Sohn entmachtet würde, worauf Kronos alle seine Kinder verschlang – bis auf eines: Zeus (Jupiter), der ihn dann stürzte.

In der astronomischen Beschreibung wird der Saturn u. a. so vorgestellt: »Der *eigenartigste* Körper in unserem Planetensystem ist zweifellos der Saturn. Dieser Planet ist *als einziger* von den uns bekannten Himmelskörpern von einem freischwebenden Ring umgeben. Im Fernrohr *gehört er zu den schönsten Objekten, die wir überhaupt kennen …*« (Rudolf Kühn – Hervorhebungen vom Verfasser).

Uranus wurde nach dem griechischen Himmelsgott benannt, der zur gleichen Zeit Sohn und Gemahl der Gäa, der Göttin der Erde, war.

Der Planet Uranus wurde 1781 von Friedrich Wilhelm Herschel entdeckt. In der schon zitierten astronomischen Darstellung heißt es über den Uranus: »Das Interessanteste an diesem Planeten ist die Lage seiner Umdrehungsachse (…), daß wir von der Erde manchmal *nur* die nördliche und dann wieder *nur* die südliche Halbkugel des Planeten sehen können (…). Diese Umdrehung erfolgt genaugenommen *im entgegengesetzten Sinne zu allen anderen Planeten* (…). Wahrscheinlich wird es nie geklärt werden können, warum gerade der Uranus aus der Reihe der übrigen Mitglieder unseres Sonnensystems herausfällt (…). Da aber alle anderen Planeten ein geschlossenes und einheitliches Bild bieten, gibt diese Eigenart des Uranus den Forschern *ein großes Rätsel* auf. Es scheint, als ob der Planet mit samt seinen Monden durch irgendein Ereignis, das in grauer Vorzeit stattgefunden hat, ›umgekippt‹ worden wäre und seither in dieser Lage verharrte.« (Rudolf Kühn – Hervorhebungen vom Verfasser).

Alles und jedes besitzt für Uranus die gleiche Gültigkeit, wenn es nur dem eigenen Willen, dem eigenen Verständnis im Augenblick klar erscheint. Die existentielle Herausforderung und die einmalige Hilfe des Uranus bestehen in einer permanenten *Wahlfreiheit*. Ohne Gleichgültigkeit, d. h. ohne viele Möglichkeiten, viele Wege, viele Lösungen usw., die alle per se *in gleicher Weise gültig* sind, wäre die persönliche Wahlfreiheit undenkbar. Uranus ermöglicht ein Leben in Alternativen. Das Bewußtsein, daß ständig Alternativen existieren, bringt die Chance, aber auch die Aufgabe hervor, selbst zu wählen und *nach Belieben* zu entscheiden.

Beliebigkeit kann Flucht vor Verantwortung, Flucht vor der eigenen Persönlichkeit sein. Das gehört auch zum Typus Wassermann. Genauso die Neigung zu Nihilismus oder Zynismus, falls die Beliebigkeit ganz überwiegend als Enttäuschung gegenüber vormals scheinbar festen Werten erlebt wird. Dann legen Wassermann-Menschen manchmal nur noch den Willen an den Tag, so abgeklärt zu werden, daß ihnen »nichts mehr« etwas ausmacht.

Eine Beliebigkeit, der es darum geht, die persönlichen Chancen zu nutzen und den eigenen Geschmack zu kultivieren, braucht dazu im Gegensatz eine ganz bewußte Empfindsamkeit. Durch das *Gespür* für die Offenheit von Situationen und *für die persönlichen Vorstellungen und Bedürfnisse im Augenblick* wird ein Leben in Alternativen, in bewußter Entscheidung für einen persönlichen Weg, – ein beliebtes und geliebtes Leben immer wieder neu bekräftigt.

Neue Sterne am Horizont

Saturn und Uranus stellen von verschiedenen Seiten her das Existenzrecht des Einzelnen, des Einmaligen und Besonderen heraus. So ist nun einmal der Wassermann: einzigartig! Schon beim Fasching oder Karneval, der typischen Jahreszeit des Wassermanns, fällt das auf. Schließlich heißt dieser Jahresabschnitt in etlichen Gegenden auch »die 5. Jahreszeit«, und wer – außer dem Wassermann – besitzt schon eine eigene Jahreszeit? »Wassermann-Prinzip« bedeutet *Behauptung und Wachstum der persönlichen Eigenart im Konzert der Vielen.* Es bedeutet Selbstverständlichkeit im Umgang mit den gegebenen Realitäten, und zu den Gegebenheiten gehört nicht zuletzt die Eigenart einer unverwechselbaren Persönlichkeit, die jede und jeder im Zeichen des Wassermanns als besonderes Talent erfährt.

Während Saturn dafür sorgt, daß die Persönlichkeit ihre eigene Mitte und ihr ge-eignetes Rückgrat findet, verhilft Uranus dazu, wirklich aus sich heraus zu handeln. Damit der Wassermann in uns nicht in atemberaubender Schwerelosigkeit torkelt, gibt Saturn dem Wassermann die passenden Gewichte mit auf den Weg. Und damit wir im Zeichen des Wassermanns weder an den Schnee von gestern noch an die Vorhersage für morgen allzusehr glauben, bringt Uranus diese Sprengladungen aus unerwarteten, überraschenden, plötzlichen Neuigkeiten an, die einsichtig, aber unvorhersehbar immer wieder neue Horizonte eröffnen.

Diese Bemerkungen über den Wassermann betreffen gleichzeitig auch die Astrologie als Ganzes. Der Wassermann hat eine besondere Beziehung zu Sternkunde und Sterndeutung. Die »Schwester« des Uranus, die Urania, ist seit dem Altertum die »*Muse der Himmelskunde*«.

Wie der Wassermann, so braucht und besitzt auch die gesamte Astrologie Boden unter den Füßen, reale Begriffe für Vorstellungsinhalte, die von Menschen hier auf dieser Erde entwickelt worden sind. Es zeigt sich sogar, daß Astronomie und Astrologie mehr Gemeinsamkeiten aufweisen als zumeist angenommen. Die Beschreibungen von Saturn und Uranus aus einem gängigen Astronomiebuch (auf Seite 35) gleichen zum Teil bis in die Wortwahl den astrologischen Charakterisierungen dieser Planeten. Eine Überprüfung an den Gegebenheiten sollte die Astrologie nicht scheuen.

Wie dem Wassermann, so ist auch der Astrologie insgesamt ein »Gefühl für Rhythmus«, ein Verständnis der *Qualität* von Zeitpunkten und Zeitabläufen eigentümlich. Wie der Wassermann im Rahmen und als Teil des Bestehenden seine spezifische Eigenart hervorhebt, so führt auch der Weg der Astrologie von den kollektiven Jahreszeiten und den allgemein gültigen Zyklen zum persönlichen Zeithorizont und zur individuellen Nutzung und Gestaltung des Zeit-Raumes, der jeder und jedem gegeben ist. Wie der Wassermann-Typus, so findet ebenfalls die Astrologie ihre Aufhebung und Krönung in der bewußten Individualität, in einer Kultur der persönlichen Eigenart. Das Verständnis der Erfahrungen, die viele, viele Generationen zum heutigen astrologischen Wissen zusammengetragen haben, kann dabei helfen, die persönlichen Impulse und den ureigenen Rhythmus auf der geeigneten Wellenlänge zu erkennen und mitzuteilen. Wo dieses gelingt, wird jedesmal ein neuer Stern geboren!

Auf den Spuren des Eigenen

Tarot für selbstbewußte
Wassermann-Frauen und -Männer

Von der Astrologie nun ein Sprung zum Tarot. Beide Symbolsprachen haben zunächst einmal eine große Popularität gemeinsam. Tiefere Gemeinsamkeiten zwischen diesen recht unterschiedlichen Zugangswegen in die Welt der Symbolik zeigen sich, sobald man auf jedem geht. Beide Symbolsprachen besitzen ein Eigenleben, und erst wenn Sie die Astrologie und das Tarot jeweils für sich sprechen lassen, dann wird auch eine Kombination zwischen beiden sinnvoll. Als Allegorie, als bloße Illustration astrologischer Prinzipien würden die Tarotbilder verkümmern, und die Astrologie würde verkürzt, wenn sie sich in der Erläuterung der Tarot-Symbolik erschöpfen sollte. Jede Symbolsprache vertritt eine eigene Logik, eine eigene Wahrnehmungsweise; je deutlicher die Unterschiede, desto fruchtbarer die Gemeinsamkeiten.

Mit 550 Jahren sind die Tarot-Karten wesentlich jünger als die Astrologie, die immerhin mehr als 4500 Jahre hinter sich hat. Die Inhalte – die Bilder und Motive – der Tarot-Karten reichen allerdings zum Teil ebenso weit zurück wie die Himmelskunde.

Die ältesten bekannten Tarot-Karten stammen aus der Renaissance-Zeit, und heute gilt es wieder als ungeklärt, wer die ersten »tarocchi« in Oberitalien zeichnete und zu welchem Zweck er oder sie sie herstellte. Gesichert ist demgegenüber die Feststellung, daß es eine

Tarot und Tierkreiszeichen

Widder: IV – Der Herrscher, XVI – Der Turm, Königin der Stäbe, Stab 2, Stab 3, Stab 4

Stier: V – Der Hierophant, III – Die Herrscherin, König der Münzen (Prinz der Scheiben, Münzen (Scheiben) 5, 6 und 7

Zwillinge: VI – Die Liebenden, I – Der Magier, Ritter der Schwerter, Schwert 8, Schwert 9, Schwert 10

Krebs: VIII – Der Wagen – II – Die Hohepriesterin, Königin der Kelche, Kelch 2, Kelch 3, Kelch 4

Löwe: VIII – Kraft (= Kraft/Lust), XIX – Die Sonne, König (Prinz) der Stäbe, Stab 5, Stab 6, Stab 7

Jungfrau: IX – Der Eremit, I – Der Magier, Ritter der Münzen (Scheiben), Münzen (Scheiben) 8, 9 und 10

Waage: XI – Gerechtigkeit (= VIII – Gerechtigkeit/Ausgleichung), III – Die Herrscherin, Königin der Schwerter, Schwert 2, Schwert 3, Schwert 4

Skorpion: XIII – Tod, XX – Gericht (= XX – Äon), König (Prinz) der Kelche, Kelch 5, Kelch 6, Kelch 7

Schütze: XIV – Mäßigkeit, X – Rad des Schicksals, Ritter der Stäbe, STab 8, Stab 9, Stab 10

Steinbock: XV – Der Teufel, XXI – Die Welt/Das Universum, Königin der Münzen (Scheiben), Münzen (Scheiben) 2, 3 und 4

Wassermann: XVII – Der Stern, 0 – Der Narr, König (Prinz) der Schwerter, Schwert 5, Schwert 6, Schwert 7

Fische: XVIII – Der Mond, XII – Der Gehängte, Ritter der Kelche, Kelch 8, Kelch 9, Kelch 10

Tarot-Kartenlegen für den Wassermann

Sie können sich den Tarot-Karten, deren Bildern und Symbolen so nähern, wie Sie sich auch Träumen, (fantastischer) Kunst oder intellektuellen Rätseln nähern. Dazu gehört die Symboldeutung, aber auch der Mut, den Gefühlen und den manchmal unbekannten Wirklichkeiten der eigenen Person ins Auge zu schauen. Man beginnt am besten mit der »Tageskarte«. Morgens oder abends wird täglich oder doch einigermaßen häufig eine Karte gezogen – als Symbol, als Motivierung oder als besinnlicher Reflex des persönlichen Tagesgeschehens. Die Bedeutungen dieser Tageskarten sollen zunächst individuell und intuitiv erfaßt werden. Später können zusätzliche Interpretationen aus der Tarot-Literatur zu Rate gezogen werden.

Zwei (der zahlreichen) Muster für das weitere Tarot-Kartenlegen:

```
2    1    3
```

1 – Aktuelle Situation
2 – Vergangenheit oder das, was schon da ist
3 – Zukunft oder das, was neu zu beachten ist

```
     1
2    5    4
     3
```

1 – Wo Sie stehen
2 – Ihre Aufgabe
3 – Ihre Ängste
4 – Welche Einstellung Ihnen weiterhilft
5 – Das Ergebnis Ihrer Bemühungen

Der Tip für den Wassermann: Legen Sie sich die obige Auslage unter der Fragestellung »Was ich schon immer von mir wissen wollte und was mir niemand anders sagen kann«.

derartige Tarot-Welle wie in den letzten 10 bis 20 Jahren in der Geschichte noch nicht gegeben hat. Die Faszination, welche die Tarot-Karten aktuell auf Millionen Menschen ausüben, ist in ihrem Ausmaß und ihrem Inhalt ein neuartiges Phänomen. Im Rahmen des vorliegenden Buches soll es um die folgenden Aspekte des Tarot gehen:

- Die Tarot-Karten, die dem Tierkreiszeichen Wassermann zugeordnet werden;
- spezielle Wachstums-, Transformations- und Lösungsaufgaben für den Wassermann sowie
- einige Tips zum praktischen Tarot-Kartenlegen, die für den Wassermann besonders interessant sind.

Tarot-Karten für das Zeichen Wassermann

Zum Tierkreiszeichen Wassermann gehören sechs Karten:

- XVII-Der Stern
- 0-Der Narr
- Schwert-König (Prinz der Schwerter)
- Schwert 5
- Schwert 6
- Schwert 7.

Diese sechs Karten sind im folgenden abgebildet. Auf Seite 44 f. in der Darstellung des Rider-Waite-Deck, des bekanntesten Tarot-Spiels überhaupt. Dann auf Seite 46 f. in der Fassung des Crowley-Tarot, das in jüngster Zeit viel Interesse gefunden hat, und auf Seite 48 f. in Gestalt des »Ancient Tarot de Marseille«, einer »klassischen« Ausgabe des Tarot. Nicht nur dem Wasser-

Rider-Tarot

Das Rider-Tarot wurde von Pamela Colman Smith
und Arthur E. Waite entwickelt und erschien 1910 im
Londoner Verlag Rider.
Abbildungen: Karten XVII – Der Stern und
0 – Der Narr

KÖNIG der SCHWERTER

Abbildungen: König der Schwerter – Schwert 5 –
Schwert 6 – Schwert 7

Crowley-Tarot

Lady Frieda Harris und Aleister Crowley stellten
dieses Tarot-Spiel 1943 fertig.
Abbildungen: Karten XVII – Der Stern und
0 – Der Narr.

Prinz der Schwerter

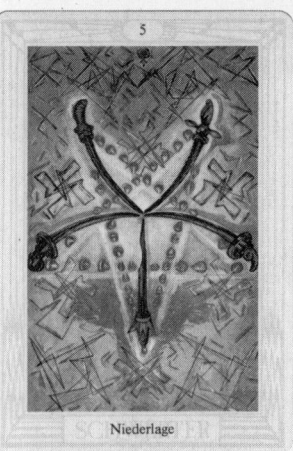

Niederlage

Wissenschaft

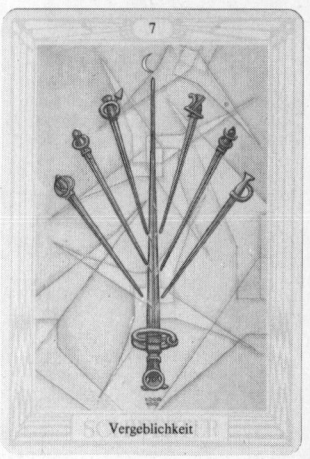

Vergeblichkeit

*Abbildungen: Prinz der Schwerter – Schwert 5 –
Schwert 6 – Schwert 7*

Marseiller Tarot

Die hier abgebildete Ausgabe des »Ancien Tarot de Marseille« wurde, fußend auf älteren Vorlagen, 1930 in Paris veröffentlicht.
Abbildungen: Karten XVII – Der Stern und 0 – Der Narr.

Abbildungen: Schwert – König – Schwert 5 –
Schwert 6 – Schwert 7

mann, sondern jedem Tierkreiszeichen sind jeweils sechs typische Tarot-Karten beigegeben. Darüber, wie die Verknüpfungen von Astrologie und Tarot zustandegekommen sind, erfahren Interessierte mehr im Anmerkungsteil (auf S. 143 f.). Wenn Ihnen Tarot-Karten zur Verfügung stehen, nehmen Sie diese bei der Lektüre der folgenden Seiten zur Hand.

Ein erster Blick auf die sechs Karten für den Wassermann zeigt manches Vertraute: Die besondere Nähe des Wassermanns zur Astrologie zum Beispiel, die sich hier in der Karte »XVII-Der Stern« wiederfindet, und der Bezug zur »5. Jahreszeit«, für den die Karte »0-Der Narr« stehen kann. Was sagen uns die Tarot-Karten darüber hinaus Neues über den Wassermann?

»In meinem Film bin ich der Star«

In unterschiedlichem Ausmaß besitzt wohl jeder Mensch ein Bedürfnis nach Klarheit, nach Ausstrahlung, nach Perfektion und nach ruhmvoller Anerkennung, und vermutlich ist dieses Bedürfnis ein enorm kultur-stiftender Faktor. Kein Tierkreiszeichen aber besitzt und befriedigt diese Bedürfnislage mehr als der Wassermann. Brillante Klarheit, leuchtende Ausstrahlung, fraglose Perfektion und langandauernder Ruhm – alles dies bedeutet auch die Karte »*Der Stern*«, die typische Karte für das Tierkreiszeichen Wassermann. Die einzelnen Sterne funkeln in den Kartenbildern wie Diamanten. Vor einem *kosmischen Hintergrund* greift die weibliche Bildgestalt nach den Sternen – sinngemäß, konkret gießt sie Wasser aus Krügen oder Pokalen.

Abbildungen: Karte XVII – Der Stern
Rider-, Crowley- und Marseiller Tarot (v.l.n.r.)

Wir haben bei den vier Elementen bereits erfahren, daß Wasser für das Seelenleben, die Gefühle und die Bedürfnisse stehen kann. Vielleicht kennen Sie auch den Ausdruck vom Herzen, das überquillt. Das bedeutet, auf die verschiedenen Bilder der Karte »Der Stern« angewendet, daß hier »das Wasser des Lebens«, die Lebenselixiere Gefühl und Bedürfnis fließen und sich verwirklichen dürfen. Eben deshalb gilt die Karte als verheißungsvoll und erfreut sich – mit Recht – großer Beliebtheit.

Allerdings wird häufig die Schattenseite der Karte wenig beachtet. »Der Stern« und auch die anderen Wassermann-Karten wirken im allgemeinen auf den ersten Blick positiv und sehr positiv. (Die Titel der Crowley-Karten bleiben dabei zuerst außer Betracht.) Im Rider-Deck fallen die durchgängig hellen und freundlichen

51

Farben bei allen sechs Wassermann-Karten auf. Andere Tierkreiszeichen haben demgegenüber bisweilen Karten »abbekommen«, die zunächst finster und sehr viel negativer wirken. Nun sind aber tatsächlich alle Tarot-Karten (wie auch alle 12 Tierkreiszeichen) untereinander gleichwertig; keine ist besser oder schlechter als eine andere; jede besitzt *in sich* positive *und* negative Seiten sowie die Zwischenstufen zwischen Plus und Minus. Daraus folgt: Während es bei manch anderem Tierkreiszeichen schwerfällt, in den Tarot-Bildern überhaupt etwas Positives zu entdecken, besteht für den Wassermann gerade umgekehrt eine Schwierigkeit in der Wahrnehmung und Betrachtung von »negativen«, schwarzen, finsteren Aspekten der Tarot-Motive. Die Schattenseiten – eben nicht nur im Tarot, auch übertragen im Leben und bei sich selbst – sind für den Wassermann lange Zeit ein blinder Fleck.

Lassen sich die blinden Flecken eines Tages nicht mehr *übersehen* oder *umgehen* (Übersicht und Umgänglichkeit sind halt nicht nur Tugenden), dann wird die Auseinandersetzung mit dem Schatten zu einer lohnenden Herausforderung für den Wassermann.

Die Schattenseite der Karte »Der Stern« erstreckt sich in unterschiedliche Richtungen. Die zwei wichtigsten sind hier: Der Star- und Fan-Kult und sodann der Narzißmus. Zu beiden Punkten gehört die Orientierung an ungeeigneten Leitbildern, an vergeblichen Hoffnungen und an fixen Ideen.

Beim Star- und Fan-Kult kann das Kartenbild für eine Ablehnung des Normalen und für eine Suche nach Sensationen sowie nach glitzernden Besonderheiten stehen. Das Streben nach Klarheit, Brillanz und Ruhm, obwohl es ein existentielles Bedürfnis ausdrückt, wird damit verkehrt. Diese Sicht der Karte »Der Stern« läßt sich so verstehen, als wolle man sich als Betrachter/in möglichst tief ins Dunkle stellen, damit der Star auf der Bühne – bzw. auf der Tarot-Karte – möglichst glänzend dasteht. Und in dem Moment, wo man sich mit diesem Star identifiziert, drückt das Kartenbild den Wunsch aus, selbst der strahlende Mittelpunkt zu sein, der »astrein«, »cool« und »unerreicht« alles andere in den Schatten stellt.

Das Fatale an dieser Art von Wunschträumen ist nicht »der Griff nach den Sternen«, ist nicht der Umstand, daß man sich etwas Besonderes, Einzigartiges zutraut oder erhofft. Im Gegenteil: Solche Wunschträume offenbaren Allmachtsfantasien und sind immer *auch* die Kehrseite von Ohnmachtserfahrungen; beide aber – Allmachts- *und* Ohnmachtsvorstellungen – hindern eine/n am meisten daran, *den eigenen Stern* zu erkennen und zu verwirklichen.

Stars und Hits (und auch deren »alternative« Varianten: Underdogs und Außenseiter) können Katalysatoren, Prozeßbeschleuniger auf der Suche nach den eigenen Sternen sein. Je mehr man aber zugunsten dieser Idole das eigene Licht unter den Scheffel stellt, um so schwieriger und schmerzhafter wird die notwendige Enttäuschung, die eines Tages eintreten muß, damit man überhaupt frei wird für den Weg zu dem Diamant-Stern, der in einer/einem selbst auf Abruf wartet.

Die größte Mühe besteht dabei darin, den eigenen Stern zu erkennen. Das ist in dem Punkt wie in der Astronomie. Wenn ein neuer Stern ausfindig gemacht wird, lassen sich häufig im nachhinein Fotos feststellen, auf denen dieser »neue« Stern schon enthalten war, ohne daß jemand von ihm Notiz genommen hätte. Um den bereits vorhandenen Stern zu entdecken, müssen also vertraute Zusammenhänge auf neue Art gesehen werden. A star is born – ein »Stern«, der etwas taugt, fällt nicht vom Himmel (der ist nur schnuppe), ein »Stern« wird geboren und wächst heran. Jede/r von uns hat einen Anteil Wassermann in sich, und dieser kommt als Stern auf die Welt. Um die Anlage erstrahlen zu lassen, ist jedoch die doppelte Aufgabe zu erfüllen, von sich wegzugehen (über sich hinaus zu gehen) und bei sich anzukommen. Deshalb die beiden Krüge der Sternenfrau auf den Kartenbildern!

Der Star- und Fan-Kult betont praktisch nur den Aspekt, über sich hinauswachsen zu wollen, ohne bei sich selbst wieder anzukommen. Die Identifikation mit einem fernen Star wird zum persönlichen Spiegel, ersetzt das eigene Gesicht. Ein treffendes Bild dafür kann das leere Gesicht der Sternenfrau auf der Crowley-Karte sein. (Fast allen Gestalten der Crowley-Karten fehlen eigene Gesichtszüge; sie wirken dadurch zum großen Teil wie Schemen!)

Der Narzißmus dagegen ist eine übersteigerte Selbst-Liebe, die das eigene Konterfei vor Augen hat. Der Narzißmus erfüllt von den Sternenaufgaben die eine, bei sich anzukommen, ohne die andere zu wollen, nämlich auch von sich wegzugehen, sich loszulassen und hinzugeben. Dafür kann das Bild z. B. im Rider-Tarot stehen. Die Sternenfrau über das Wasser gebeugt, wie der Jüngling Narziß im Mythos. Die Nacktheit bedeutet dabei nicht nur eine wünschenswerte Offenheit, sondern auch eine bloße Distanzlosigkeit sich selbst oder anderen gegenüber.

Narziß wurde und wird übrigens auch Narkissos geschrieben, und aus dem Narzissenöl wurde im Altertum ein bekanntes *Narkotikum*, ein Betäubungsmittel, hergestellt. Die Verwandtschaft besteht nicht nur im Wort. Der Narzißmus verfügt tatsächlich über eine betäubende Wirkung, während der Star- und Fan-Kult aufputscht.

Beides kann zeitweise nützlich sein. Auf Dauer ruiniert beides den *eigenen Rhythmus*, das A und O für den Wassermann. Denn der eigene Rhythmus führt nicht nur zum Stern; er *ist* der Stern.

Null als Vorbild

Die zweite zum Wassermann gehörige Karte »0-Der Narr« könnte zum Stern passen wie der gesichtslose Zuschauer in der Masse zum angehimmelten Star: Beide brauchen einander, so sehr sie sich auch unterscheiden. Aber dieser Zusammenhang ist nur ein Aspekt. Jede Tarot-Karte besitzt ein Spektrum von Bedeutung. Astrologisch ist »Der Narr« speziell dem *Uranus* zugeordnet. Alle früheren Bemerkungen über die »genuine« Unmittelbarkeit, über das Unerwartete und die Wahlfreiheit beim Wassermann lassen sich auf das Bild »Narren« anwenden.

Traditionell ist der Narrengestalt im Tarot ein Hündchen beigegeben, das die Macht der »Witterung«, der »goldenen Nase« und des »richtigen Riechers« anzei-

Abbildungen: Karte 0 – Der Narr
Rider-, Crowley- und Marseiller Tarot (v. l. n. r.)

gen soll, die den Narren auszeichnen. Der »Narr« kann seine Triebe und Instinkte durch intuitives Gewahrsein, unmittelbares Reagieren ausdrücken, aber auch regulieren! Im Crowley-Bild findet sich die etwas reißerischere Version, daß ein kleiner Tiger die Rolle des Hundes übernimmt. Aber auch da ist nicht zu übersehen, daß das Tier zwar Pendant und Begleiter der Narrenfigur ist, aber keine Spur davon, daß das Tier den »Narren« übermannt (oder überweibt). Selbst und besonders beim »Narren« bleibt der Unterschied zwischen Mensch und Tier deutlich.

Dieser Unterschied muß deshalb betont werden, weil in der esoterischen Bedeutungsgeschichte der »Narr« nicht selten mit dem bocksfüßigen, gehörnten und geilen Pan, dem griechischen Hirtengott, assoziiert und als urtümlicher Durchbruch des Tierisch-Triebhaften mißverstanden wird. Umgekehrt wird jedoch ein Schuh daraus: Uranus – damit hier »der Narr« – steht für den Anbruch, für den Ursprung des Bewußtseins. Wenn Uranus sich nach einem Urzustand sehnt, dann bedeutet dies nicht den Verlust, sondern die Wiederherstellung eines Bewußtseins, dem (erneut) *alle Möglichkeiten offen* stehen.

In der Tarot-Literatur über das Rider-Bild des Narren wird über die Frage diskutiert, ob der Narr von der Klippe stürzt oder nicht. Die Antwort lautet jedoch, daß das »Stürzen« beim Narren kein Thema ist. Im Augenblick, d. h. bei allem, was das gegebene Bild erkennen läßt, stürzt die Bildfigur nicht, und es bleibt völlig offen, was sich etwa unterhalb des abgebildeten Felsvorsprunges befindet – ein Abgrund, eine weitere Klippe, eine Wiese oder oder. Was im nächsten Augenblick geschehen wird, ist hier nicht einzusehen und zu entscheiden. Die Kraft und der Zauber des »Narren« liegen eben darin begründet, daß er aus dem heraus lebt, was jetzt erkennbar ist.

Das verlangt mit Sicherheit keinen Verzicht auf Vergangenheit und Zukunft. *Hier und jetzt zu leben, im Augenblick ganz anwesend zu sein*, erfordert im Gegenteil eine Auseinandersetzung mit den persönlichen Erfahrungen und Erwartungen, bis diese *soweit klar* sind, daß eine/n *nichts mehr hindert*, in der Gegenwart zu Hause zu sein.

Es gibt bestimmte Momente in der Entwicklung der Menschheit und der/s Einzelnen, die unumkehrbar sind. Den alten Pan können wir heute noch inszenieren, aber seine realen Zeiten sind vorbei, wie die des Zeus und seiner Vorgänger. Ein Mensch kann so tun, als ob er ein »großes Tier« sei, und Crowley ist nicht der einzige, der das mit Eifer versucht hat. Doch das bleibt schlechtes Theater und verschafft weder Mensch noch Tier Genugtuung, sondern endet bei »Null Bock«.

Pan heißt im Altgriechischen »alles« und bedeutet auch »das Alles, das All«. Der Wassermann hat nun einmal mit kosmischen Themen zu tun. Beim »Stern« stellt sich die Aufgabe, am Sternenhimmel einen ganz persönlichen Bezugspunkt festzumachen. Und beim »Narren« geht es darum, aus *allem*, was zu einer oder zu einem gehört, eine runde Sache zu machen. Dafür steht die Null im Bild des Narren: Sie ist ein Kreis, Zeichen der persönlichen Ganzheit, der Integrität. Sie enthält eine Offenheit, einen Mut zur Zukunft, auch da, wo diese unbekannt bleiben muß. Andererseits ist die Null eine Warnung: Ausdruck einer leeren Identität, einer Null-Lösung in den Fragen des Lebens nach der Devise: »Außer Spesen nichts gewesen.«

In der älteren Version des Marseiller Tarot entblößt der kleine Hund ein Stück des Hinterteils der Narrenfigur. Eine Lebenseinstellung, die versucht, *»sich bedeckt zu halten«* (d. h. die eigenen »Nachteile« zu verbergen), wird vom »Narren« angegriffen. Vielleicht rührt daher die Furcht vor einem Absturz. Tatsächlich aber handelt es sich um eine recht erhebende Angelegenheit, was im Rider-Bild der be-schwingte Standpunkt nahe der Sonne und im Crowley-Bild u. a. Taube und Schmetterling anzeigen.

Der Mut zur Zukunft (auch dann noch, wenn diese nicht mehr vorhergesehen und vorherbestimmt werden kann) *bedeutet Mut zum eigenen Weg*, auch wenn der weitere Wert aller Vorbilder gegen Null geht und wenn man offen und ohne Rückendeckung handelt. Je ungewohnter der selbständige Weg ist, um so mehr kommt

Panik auf, falls dieser doch vonnöten wird. Pan-ik ist *alles auf einmal.* Je mehr Spiel-Raum der »Narr« bekommt, je geübter er ist, um so mehr gewöhnt sich der Mensch daran, sich ganz zu akzeptieren, so wie er oder sie ist, einschließlich Stern-Ideal und irdischer Blöße: Alles, was man weiß und kennt, bekommt einen Stellenwert im eigenen Leben – alles zu seiner Zeit.

»Du kannst doch selber wählen...«

Abbildungen: Karte König (Prinz) der Schwerter
Rider-, Crowley- und Marseiller Tarot (v. l. n. r.)

Der »*Schwert-König*« (bei Crowley »Prinz der Schwerter«), die nächste Tarot-Karte zum Wassermann, ist das Ebenbild für eine Persönlichkeit, die *das Schwert meistert*, die erfahren, bewußt und souverän mit dem »Schwert« umgehen lernt.

In allen Tarot-Spielen begegnen wir den vier Farbreihen Stäbe, Kelche, Schwerter und Münzen. Die vier Farbreihen entsprechen den vier Elementen (vgl. S. 24/25):

- Stäbe – Element Feuer
- Kelche – Element Wasser
- Schwerter – Element Luft
- Münzen (Scheiben) – Element Erde.

Die *Schwerter* stellen u. a. ein Zeichen der Rüstung, des Bereitseins dar, ein Werkzeug, ein Mittel des Kampfes und des Kriegs, der Verletzung und der Befreiung. Die Schwerter auf den Tarot-Karten erscheinen von daher unter den (jeweils positiven und negativen) Aspekten von:

- Mündigkeit, Selbständigkeit und Freiheit
- Verteidigungs- oder Aggressionsbereitschaft
- Ritterlichkeit, Autorität, Arroganz
- Schärfe, Zuspitzung
- Haltbarkeit, Treffsicherheit u. a. m.

Für Sie persönlich fließt alles das in Ihre Sichtweise der Schwert-Karten mit ein, was Ihnen bewußt und unbewußt zu den Schwertern einfällt (z. B. Rüstungspolitik; Ritterfilme; Gralssuche; Mäckie Messer; Ihre persönliche Situation, in der Sie sich jeweils damit beschäftigt haben; u. a. m.). Diese persönlichen Assoziationen sind erwünscht, weil sie einen persönlichen Bezug zu den Symbolen herstellen und die schließliche praktische Umsetzung erleichtern.

Die mehr allgemeingültigen Bedeutungen der Schwerter folgen aus der Zuordnung zum Element Luft, die sich im Laufe der Tarot-Geschichte eingebürgert hat. Auf der Ebene des Luftelements stellen die Schwerter die Waffen des Geistes dar: Denken, Vorstellungskraft und Wissen. Die Schwerter beziehen sich ursprünglich auf die *Urteilskraft*, auf die Fähigkeiten, sich ein Urteil zu bilden und das eigene Urteil zu vollziehen. Mit dem Schwert werden in diesem Sinne Bestimmungen, Unterscheidungen und Klassifizierungen vorgenommen. Mit der Aufgabe, zu unterscheiden, wachsen auch die Aufgaben, sich zu entscheiden und Erkenntnisse zu sammeln. Kurz, damit kommt das gesamte Luftreich des Geistes in Beziehung zur Schwerter-Symbolik.

Die grundsätzliche Bedeutung der Schwerter liegt in der Frage nach der Wirkung des menschlichen Geistes – Krone der Schöpfung oder Gipfel der Entfremdung. Die zugespitzte praktische Frage bei den Schwert-Karten ist jeweils die nach Sieg und Niederlage.

Konkret stellen die Schwerter auf dieser Ebene Gedanken, Ideen und Begriffe dar.

Es ist nicht zu übersehen, daß die Schwerter in der Tarot-Literatur aus Vergangenheit und Gegenwart häufig nicht sonderlich beliebt sind. Da mischt sich ein neuzeitliches Unbehagen an der »Kopfarbeit« mit einer mißverständlichen alten Überlieferung des Christentums. Die Bibelstelle »Wer nach dem Schwert greift, wird durch das Schwert umkommen« dient als Argument einer Ablehnung den Schwertern gegenüber. Jedoch zu Unrecht. Dieses Bibelwort richtet sich gegen das Abtrennen eines Ohres (in der Situation, wo Jesus gefangengenommen wird). Nichts soll mit »Gewalt« unternommen und schon gar nicht soll das Verständnis (Ohr) abgeschnitten werden! Aber darum werden die Waffen des Geistes gerade benötigt.

Soweit allgemein zu den Schwertern. Nun zum Schwert-König: Der Wassermann ist ein *Ermittler* in eigener Sache. Die Karte »Der Narr« zeigt den Wassermann u. a. als »Spürhund«. Der »König der Schwerter«

gibt ihn nun als »Drahtzieher« (Crowley-Bild) zu erkennen und als Gedankenzentrale, dessen Kopf und dessen Schwert (wie eine Antenne) weit über die Wolken reicht (s. Rider-Bild). Der Wassermann in uns braucht und bewahrt in den großen und den kleinen Dingen des Lebens einen eigenen Überblick. Er zerlegt mit seinem Schwert die Sachverhalte und Beziehungen, in denen er lebt, gleichsam in Einzelteile, um sie sodann *auf eigene Art* neu zusammenzusetzen.

Nervenkitzel, Rätsel jeder Art, Krimis mag er in aller Regel gern. Denn diese halten als Gehirn-Jogging die »kleinen grauen Zellen« fit und versetzen die ganze Person in eine erwünschte Spannung. Mehr noch: Diese Rätselkrimis sind dem Wassermann de facto immer auch ein Training und ein beispielhafter Test für die persönliche Suche im eigenen Leben – nach Täter oder Opfer, nach fesselnder Spannung und befreiender Erlösung.

Der Wassermann ist der Teil in uns, der auf irgendeine Art Kommissar/in, Ermittlungsrichter/in und Überwachungsinstanz ist oder sein könnte. Dinge und Verhältnisse »*in Ordnung*« zu halten (und sei es ein bewährtes Durcheinander), ist für den Wassermann eine Art Selbstzweck. Wenn dabei noch besonders nach Fehlerquellen, Abweichungen und Abnormitäten gesucht werden muß, befriedigt dies zusätzlich das Bedürfnis des Wassermannes nach Außergewöhnlichem.

Der Wassermann-Typus, weil er seine Angelegenheiten geistig-gedanklich verfolgt, kann es sich erlauben, Personen und Sachen »an der langen Leine« laufen zu lassen (vgl. dazu wiederum das Crowley-Bild), ohne seine Kontrolle und Überlegenheit dadurch aufzugeben. Ja, er kann die Fähigkeit zu einer Art »Fernsteue-rung« besitzen (s. Rider-Bild), wenn er mit Kopf und Schwert-Antenne weit genug in den Luftraum vorstößt und diesen kontrolliert.

Diese Fernsteuerung ist ein anderer Ausdruck für Telepathie, Gedankenübertragung, für eine Frequenz, auf der der Wassermann in uns senden und empfangen kann. Die Telepathie wird gern an dem einen oder anderen spektakulären Fall festgemacht und dann als »übersinnlich« abgestempelt. Aber weit gefehlt. Telepathie als solche ist völlig sinngemäß. Wasserzeichen (Krebs, Skorpion, Fische) können z. B. besonders gut Gefühle von anderen mitempfinden. Luftzeichen, hier der Wassermann, können halt besonders gut Gedanken und geistige Energien von anderen mitempfinden.

Ohne Gedankenübertragung wäre kein Lernen, kein Wissenstransfer möglich. Oft geschieht diese Gedankenübertragung allerdings, ohne daß man davon weiß. Dann steuert man andere oder man wird selbst gelenkt, ohne es zu merken, woraus u. a. die Angst vor Manipulation und Informationsmißbrauch resultieren kann. Um das »Schwert« zu meistern, muß der Wassermann es lernen, das Denken zu denken, zu wissen, was er weiß und was er nicht weiß. Damit schützt er sich am zuverlässigsten gegen eine unerwünschte Fernsteuerung.

Die Tarot-Karten des »Schwert-König« verdeutlichen im übrigen die Gefahren der
- Abgehobenheit und Hochnäsigkeit (Rider-Bild),
- torkelnden Ziellosigkeit (im Crowley-Bild die drei Kinderfiguren mit Schmetterlingsflügeln im unteren Bildteil) und der

- Fruchtlosigkeit (im Crowley-Bild durch die Sichel in der Hand des »Prinz der Schwerter« dargestellt, sofern diese nichts zu ernten bekommt; im Rider-Bild durch die karge Höhenlandschaft angezeigt).

Wenn der Wassermann seine Ermittlungen mit Erfolg gestalten und die Waffen des Geistes zu Freunden und Helfern machen will, so bedeutet dieses eine lebenslange Aufgabe für ihn – mit Spannung und Abenteuer, aber auch mit der Mühe, in der Vielfalt der Erscheinungen und Verhältnisse gerade *die persönlich richtigen Zusammenhänge* ausfindig zu machen. Wo ihm das gelingt, da wird er zum *Mittler* zwischen Himmel und Erde, wie es die Rider-Karte bildschön zeigt: *»Mit dem Kopf im Himmel und mit den Füßen auf dem Boden«.*

Wachstumsschmerzen

Die drei folgenden Karten des Zeichens Wassermann, Schwert-5, -6, -7, stellen bestimmte Etappen oder kennzeichnende Stationen für den Wassermann dar. Sie verdeutlichen im einzelnen, worin die Bewährung und die Brillanz des »König der Schwerter« bestehen. Im klassischen »Tarot de Marseille« bilden die *5 Schwerter* ein geschlossenes Muster mit einigen Blüten. Die Darstellung der 6 und der 7 Schwerter weicht von diesem Bild nicht wesentlich ab. Hier wirken also die Tarot-Karten kaum als Bilder, mehr als spezielle Symbolträger, als Stichwortgeber. Erst seit 1910 – erstmals mit dem Rider-Tarot, das P. C. Smith und A. E. Waite entwickelten – liegt ein Tarot-Spiel vor, bei dem alle 78 Karten durchgängig bebildert sind (ohne daß der ältere Sym-

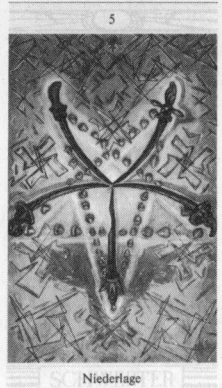

Abbildungen: Karte Schwert 5
Rider-, Crowley- und Marseiller Tarot (v.l.n.r.)

bolgehalt – hier die 5 Schwerter – dabei verlorengegangen wäre). Für das 20. Jahrhundert ist es – auch im Tarot – typisch, daß jede und jeder »sich selbst ein Bild machen« kann und muß. Die Interpretation der nicht-bebilderten Tarot-Karten war demgegenüber im 19. Jahrhundert weitgehend eine Sache der gedanklichen Ableitung und Definition.

Für die Karte »5 Schwerter« wurde dabei zunächst vom Element Luft ausgegangen. Dann wurde die Zahl definiert – »fünf« zum Beispiel als Quintessenz, als Mittelpunkt eines Kreuzes oder der vier Himmelsrichtungen. (Für die Festlegung der Zahlenbedeutungen wurden teilweise ganze Ableitungssysteme und esoterische Doktrinen angewendet.) Damit konnte eine Karte Bedeutungen annehmen – etwa »5 Schwerter« = Quintessenz des Luftelements. Unterstellte man ferner der Symbolik des Schwertes grundsätzlich eine ambiva-

65

lente Wertigkeit – Sieg oder Niederlage, Befreiung oder Unterwerfung, dann waren konkrete Aussagen für die vorliegende Karte gewonnen:

- Hier laufen die Linien von Sieg oder Niederlage zusammen. Die Quintessenz des Luftelements erweist sich hier in der Auseinandersetzung, ob die »Schwerter«, die Waffen des Geistes, zur Unterwerfung oder zur Befreiung genutzt werden sollen.

Im Rider-Tarot tritt zu der gedanklichen Ableitung ein *Bild* für die Bedeutung der Karte hinzu. Drei Figuren – groß, klein und winzig – sind zu sehen, in wachsender Nähe oder Distanz zu einem größeren Wasser. Spitzige, scharf umrissene Wolken zeigen einen Himmel in Blau und Grau. Zwei Schwerter liegen am Boden zwischen der großen und den zwei kleinen Gestalten, während die große Figur im Vordergrund insgesamt drei Schwerter hält. Das Bild kann eine Situation des einseitigen Triumphes darstellen, worin die vordere Gestalt den beiden kleineren gegenüber »haushoch« überlegen ist. Der individuellen, situationsbezogenen Interpretation bleibt es überlassen, wie man diese Situation beurteilen mag – als gerechten Sieg, als hämischen Triumph usw. Entsprechend läßt sich dann der Himmel und die gesamte Bildwirkung als frisch und aufklärend oder aber als abgeschlagen und eintrübend auffassen. In der neueren Tarot-Literatur wird das Bild oftmals als Sieg des Zynismus verstanden.

Alle drei Bildfiguren können auch als – verschiedene – Seiten *einer* Person betrachtet werden, so daß Sieg und Niederlage als unterschiedliche Seiten eines Menschen und als verschiedene Stufen einer Entwicklung verständlich werden.

Damit läßt das Bild viele weitere Interpretationen zu. Etwa diese: Das Bild zeige einen Entwicklungsgang des geistigen Wachstums, einen Weg der »Aufklärung« und Bewußtwerdung. Dieselbe Person war zunächst nahe am Wasser, Symbol des Ursprungs und/oder des Gefühlslebens. Als Persönlichkeit war sie dort, aus heutiger Sicht, winzig klein, ihr Gesicht nicht zu erkennen. Sie kannte die Schwerter nicht, hatte »nahe am Wasser gebaut«. Sie mußte oft genug die Hände vor dem Kopf zusammenschlagen. Dann ist die Person gewachsen, größer geworden, hat Distanz zum Wasser eingelegt und sich aufgerichtet, ist näher an die Schwerter herangekommen, wiewohl die Schwerter auch an diesem mittleren Standort noch unbegriffen liegenblieben. Heute ist das anders: Jetzt besitzt dieselbe Person die Schwerter und freut sich, weil sie weiß, was sie weiß. Die früheren Stationen werden nicht verdrängt. Sie behält sie und auch das Wasser im Blick. Aus der jetzigen Perspektive versteht sie rückblickend frühere Zweifel und Schwächen. Die Person kann nicht alles aufheben, was war und was ist. Zwei Schwerter bleiben liegen. Doch nun weiß sie, woran sie sich zu halten hat. –

Die bildhafte Anschauung einer Tarot-Karte erweitert deren Bedeutungshorizont enorm. *Vor allem bringt sie den Betrachter bzw. die Betrachterin mit ins Spiel*, weil jede Bildwahrnehmung zu einem Teil subjektiv und situationsbezogen ist. Die ältere Form der gedanklichen, systematischen Festlegung von Bedeutungen hat auch heute noch einen Vorteil: Die Konsequenz den eigenen Erfahrungen und Erwartungen gegenüber. Ein systematisches Denken versucht, die verschiedenen Seiten des persönlichen Interesses gemeinsam zur Geltung zu bringen. –

Zwischen älterer Formel- und neuerer Bildsprache im Tarot liegt das Crowley-Spiel, das unter den Tarot-Decks der klassischen Esoterik als eines der letzten (1943) erschienen ist. Aleister Crowley und Frieda Harris haben in ihrer Komposition der überlieferten Tarot-Motive vorgegenständliche (»abstrakte«) Elemente wie Farbe und Form besonders betont. Dabei bleiben die Bilder und Symbole im ganzen konventionell und zuverlässig. Unzuverlässig und überholt sind dagegen die *Kurztitel* auf den einzelnen Karten.

Bei »Schwert 5« lautet die Bezeichnung »Niederlage«: Ein zutreffender Aspekt, der als *alleinige* Bildunterschrift jedoch irreführend ist. Wenn überhaupt Worterklärungen auf die Karten sollen, dann gilt hier zumindest eine doppelte Betitelung – »Niederlage oder Sieg«.

Es sind nicht allzuviele Tarot-Spiele, die solche zusätzlichen Aufschriften tragen. In der Regel empfiehlt es sich, beim Legen bzw. beim Aufdecken dieser Karten den Daumen auf den Untertitel zu halten, um sich zunächst davon unabhängig und selbständig mit Bildelementen und Symbolen zu beschäftigen.

Die astrologische Zuordnung zur Karte »Schwert 5« ist »Venus in Wassermann«. Diese Konstellation bedeutet – unter anderem – eine glückliche Verbindung von Geist und Sinnen. Das Bild von Crowley und Harris sagt selbst mehr, als der Untertitel erfaßt. Die 5 Schwerter sind verbogen und angeschlagen. Aber auch: Sie sind gebraucht, mit ihnen hat man Erfahrung gesammelt. Blutstropfen verbinden die Schwerter; sie zeugen von Verletzung und Leid. Aber auch: Hier werden mit Herzblut die Waffen des Geistes geführt; hier wird mit dem Herzen gedacht. – Die Blutstropfen bilden ein Pentagramm (Fünfstern) mit der Spitze nach unten; also negative abwärts gerichtete Energie. Aber auch: Rückbindung des Geistes an die Materie; Aufgabe, das Bewußte zu erden und fruchtbar zu machen. – Die Schwerter richten sich gegeneinander. Aber auch: Sie treffen sich in der gemeinsamen Mitte. – Fisch, Schlange, Krone, Widderhorn und Schneckenhaus an den fünf Schwertgriffen zeigen die umfassenden Dimensionen der Situation – aber welcher Situation? Niederlage und/oder Sieg sind hier möglich. Für bereits erlebte Niederlagen und Siege kann die Karte stehen. Sie kann Angst vor einer Niederlage bedeuten, aber auch Furcht vor einem Sieg! –

Warum sollte nur die eine Seite – Niederlage und die Angst davor – zugelassen, die andere Seite aber, Sieg und die Furcht davor, zum Tabu erklärt werden? Gibt es so wenige Siegesaussichten? Darf denn geistiges Wachstum nicht auch einmal mit Schmerzen oder Furcht verbunden sein? Bereitet es nicht Freude zu gewinnen?

Übersetzungsarbeiten

Zur Karte »*Schwert 6*« ist astrologisch »Merkur in Wassermann« zugeordnet, was soviel wie »Unterscheidung, Vermittlung und Bewußtheit im Bereich des Wissens« bedeutet. Die Zahl Sechs wird traditionell gern als ein Ganzes aus der Aufhebung von Widersprüchen (3 x 2) und als ein Ganzes als Ausdruck komplexer Gegensätze (2 x 3) verstanden. Einmal vertritt die Sechs demzufolge eine »runde Sache«, zweitens jedoch auch einen

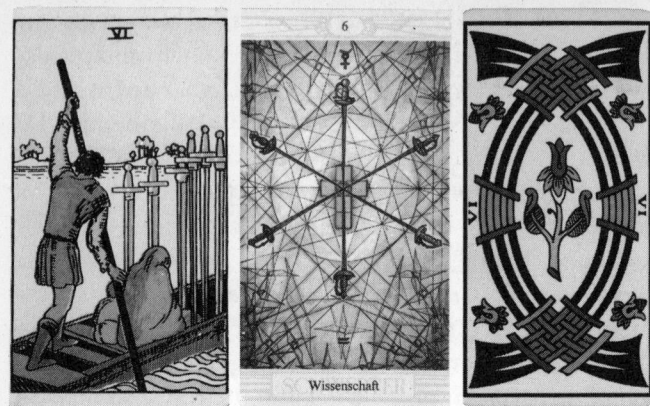

Abbildungen: Karte Schwert 6
Rider-, Crowley- und Marseiller Tarot (v. l. n. r.)

sterilen oder unfruchtbaren Kreislauf. Die Karte aus dem *Marseiller Tarot* wird entsprechend mit »Sieg über das Ungewisse, Überwinden von Schwierigkeiten«, aber ebenso mit »vergeblichem Suchen nach einer Lösung« interpretiert (in Anlehnung an Edwin J. Nigg).

Ein gleiches gilt für die doppelte Bedeutung des Crowley-Bildes. Die 6 Schwerter sind hier so angeordnet, daß sie sich gegenseitig blockieren bzw. in der Wirkung aufheben können; wobei sie sich darin einig sein können, Rose und Kreuz im Mittelpunkt niederzuhalten. Die Karte bedeutet insoweit ein törichtes, ruinöses Wissen, das nach außen hin wohlgeordnet und abgerundet auftritt. Als positive Botschaft besagt das Kartenbild umgekehrt, daß hier das innere Selbst, dargestellt durch die erblühte Rose im Kreuz, es gelernt hat, sich auszubreiten und mitzuteilen. Die »Schwerter« sind Gedanken und Begriffe, die Innen- und Außenwelt verbinden, die zwischen beiden Welten zu dolmetschen vermögen.

Die gleichen »Übersetzungsarbeiten« zeigt das *Rider-Bild* in Gestalt der drei unterwegs befindlichen Passagiere. Der Wassermann in uns steht vor der Aufgabe, Informationsfluten zu einem brauchbaren Wissen zu verarbeiten. Wie ein data-bus oder ein Weberschiffchen flitzt sein wacher Geist hin und her, um wieder und wieder neu einen geeigneten Wissensteppich herzustellen. Dabei spielen alle drei Bootsinsassen eine Rolle: der Fährmann und die beiden Gestalten, die sich steuern lassen; Kind und Erwachsene. Sie sitzen im selben Boot mit den groß ausgestellten Schwertern. Erfolg oder Mißerfolg der Mission hängt von der Qualität der Schwerter und vom Durchblick der Passagiere ab. Wie untaugliche Gedanken-*Vor-Stellungen* können die Schwerter den Blick verbauen; alter Ballast, den man vor sich herschiebt. Als bewährte Leitwerte können die Schwerter den Weg weisen wie Kompaßnadeln, bewußtgemachte Gedanken, die den Blick schärfen.

Der Fährmann und ähnlich auch der Fuhrmann und der Wagenlenker sind alte Symbole der Steuerung des menschlichen Geistes; sie stehen in einer besonderen Beziehung zum Wassermann. Sie überbrücken, setzen über und verbinden verschiedene Orte, verschiedene Welten, verschiedene Wirklichkeiten. Der Fährmann wird in überlieferten Geschichten einesteils als unvollendet und unerlöst charakterisiert. So etwa im Märchen »Vom Teufel mit den drei goldenen Haaren«, wo der Fährmann dazu verflucht ist, hin- und herzufahren, bis er schließlich doch eine Lösung findet. Daneben und darauf aufbauend hat Hermann Hesse in seiner Erzählung »Siddharta« eine so leuchtende Version des Fährmanns geprägt, daß der Fährmann seitdem auch eine Königskrone besitzt: die Würde des menschlichen Bewußtseins.

Beide Aspekte des Fährmanns — Reisender ohne Ziel; Brücke, Schaltstelle, hilfreiche Begleitung beim Übergang in eine andere Welt — treffen auf das Rider-Bild der »Schwert 6« und allgemein auf den Wassermann zu. Der Wassermann kann sich in einem permanenten Zwischenzustand befinden, der »halbgar« bleibt und »weder Fisch noch Fleisch« ist. So kann der Wassermann sich »zwischen den Stühlen« plazieren, ohne dadurch irgend etwas zu erreichen. Das bedeutet im gegebenen Falle viel unnötiges Leid, und um dieses zu beenden, muß der Wassermann einen solchen Zwischenzustand (ein Patt, einen Schwebezustand, wo er lediglich »in der Luft hängt«) aufgeben.

Auf der anderen Seite sind die richtigen Zwischenschritte von Ufer A zu Ufer B alles andere als eine »Übergangslösung«. Sie sind eine Kunst. Funktionierende Verbindungen herzustellen, zwischen verschiedenen Wirklichkeiten unterscheiden und vermitteln zu können, altes Wissen in neue Zeiten zu übertragen usw. — diese Übergänge stellen für sich genommen auch *Ziele* da. Sie sind Transformationsleistungen des menschlichen Bewußtseins. Und insofern das Bewußtsein damit gemeint ist, gilt auch für den Wassermann die Devise: »Der Weg ist das Ziel.«

»Intelligenz« bedeutet vom Wort her die Fähigkeit, das — was *dazwischen* ist — zu *lesen* (wie: ein Buch *lesen*, Spuren *lesen*, Wein-*Lese*). Die Leistung des Bewußtseins — und ein Charakteristikum des Wassermanns — besteht demnach darin, Zusammenhänge herstellen und lösen zu können.

Oft wird dabei vergessen, daß nicht nur das bewußte Wissen Verbindungen und Lösungen herstellt. Auch das unbewußte Wissen und das bewußte Nichtwissen bauen Brücken. Deshalb sitzen drei unterschiedliche Gestalten im Boot des Rider-Bildes! Das unbewußte Wissen ist die Vorstellungskraft (Imagination), und das bewußte Nichtwissen ist – das Denken, das von bekannten Anhaltspunkten auf Unbekanntes schließt.

Außer diesen Drei, die zusammen im gleichen Boot sich befinden, gibt es eine vierte Bewußtseinskraft – das unbewußte Unwissen oder der blinde Fleck. Diese Kraft ist durch den schwarzen Stab im Bild angedeutet. Der Staken stellt die Verbindung zum Grund unter der Wasseroberfläche her. Er geht über das Boot weit hinaus und wäre doch ohne Boot (Bewußtsein) mitten im Wasser ziemlich sinnlos. Wenn der Wassermann Zusammenhänge herstellt und Lösungen sucht, sollte er darauf achten, welche *persönliche* Bedeutung ein Zusammenhang für ihn besitzt. Er sollte seine Betroffenheit feststellen. Diese gleicht dem sichtbaren Teil des Staken. Sie ist die begreifbare Seite jener Kraft des Bewußtseins, die das Bewußtsein selbst übersteigt und begründet.

Lösungsaufgaben

Die Karte »Schwert 7« entspricht der Konstellation »Mond in Wassermann«. Der Mond bedeutet astrologisch die Welt der Psyche, der Stimmungslagen und der Gefühle. Ferner vertritt er auch die Macht der erdschweren Befürfnisse, den »Magnetismus« der Erde, welcher den Erdtrabanten mit auf seiner Bahn hält.

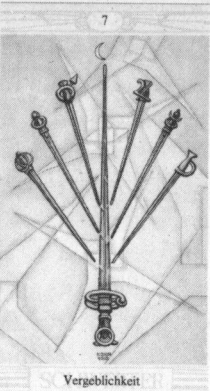

Abbildungen: Karte Schwert 7
Rider-, Crowley- und Marseiller Tarot (v. l. n. r.)

»Mond in Wassermann« heißt also etwa »Gefühle und Bedürfnisse im Bereich des Wissens und Bewußtseins«.

Die Zahl »Sieben« darf man ganz wörtlich nehmen: Hier wird gesiebt – geprüft, sortiert, verfeinert und geschaut, was im Sieb bleibt und was nicht. Die Karte »Schwert 7« hat demzufolge eine Art Aussiebung oder Reifeprüfung auf der Ebene der »Schwerter« zum Thema.

Die Bilder zeigen jeweils *in sich vereinte, gegeneinandergerichtete Energien*. Im Crowley-Bild wirken sechs kleine Schwerter gemeinsam in entgegengesetzter Richtung zu einem mächtigen Schwert. Im Rider-Bild bestehen die Gegensätze in Gestalt der mitgenommenen sowie der verbleibenden Schwerter und besonders in der Person der Bildfigur, die vorwärtsgeht und rückwärtsschaut. Manche Unarten des Wassermanns in uns können sich in diesem Bild wiederfinden: Diebisch-trick-

74

reich, heimlich, wankelmütig, kraftlos-schwankend, hin- und hergerissen u.a.m. Das *kann* in »Vergeblichkeit« enden, wie der Crowley-Titel besagt, auch in Vergeßlichkeit, aber es *muß* es nicht. Eine weitere Bedeutung der Karte lautet vielmehr »*Fruchtbarkeit*«. Was die Schwert 7 zu einem Bild mit besonderer Brisanz für den Wassermann macht, ist die verhängnisvolle oder aber produktive Rolle des Zweifels.

Im Crowley-Bild sind die sechs kleineren Schwerter mit den astrologischen Zeichen von Neptun, Venus und Mars, von Jupiter, Merkur und Saturn versehen. Es ist also eine geballte Ladung von Energien, fast der versammelte astrologische Himmel, der sich hier der einen Energie, dargestellt durch das große Schwert, zuwidersetzt. Die Kräfte können sich in der Stoßrichtung bis zum »Geht-nicht-mehr« blockieren. Das eine große Schwert kann sich dagegen aber behaupten, wenn es in sich eine Verbindung (und Unterscheidung) von Sonne und Mond herstellt, deren Zeichen an Spitze und Knauf des Schwertes angegeben sind.

»Sonne« bedeutet Herz, Geist, Lebensmitte. »Mond«, wie bereits gesagt, Gefühle und Bedürfnisse plus die Anziehungskraft der Erde. Sonne und Mond bedeuten weiterhin Bewußtes und Unbewußtes, das »Ich« und das »Selbst« oder Tag und Nacht.

Die große Herausforderung für den Wassermann in uns allen besteht nun darin, wie das große Schwert anzeigt, in sich Sonne und Mond zu verbinden (und zu unterscheiden). Diese Verbindung und Differenzierung von Bewußtem und Unbewußtem ist das berühmte »Einfache, das schwer zu machen ist«. Im Bereich des Wassermanns erfordert dies vor allem ein eigenes Wissen und Gewissen, ein geeignetes Selbst-Verständnis.

Zuviel Zweifel beengt und – im Extrem – vernichtet das eigene Bewußtsein. Zuwenig Zweifel aber läßt gar kein *eigenes* Verständnis entstehen, weil der Unterschied zwischen Eigenem und Anderem, zwischen Geeignetem und Ungeeignetem nicht deutlich wird. Die produktive Rolle des Zweifels besteht in der Aussiebung des Eigenen und speziell des eigenen Wissens und Gewissens. Und nur insofern, als das persönlich Geeignete wachsen und gedeihen kann, nützen Zweifel.

Damit besitzen die sechs kleineren Schwerter im Crowley-Bild jedoch neben ihrer bedrückenden und blockierenden Wirkung auch eine filternde und klärende Funktion. Das Eigene muß sich gegenüber einem recht umfangreichen Horizont, gegenüber den vielfältigsten Anschauungen bewähren. Da, wo das Eigene wirklich wächst, wo Einheit und Unterscheidung von Tag und Nacht in einer Person gelingen, da können die Einflüsse der Umgebung und von gegenläufigen Tendenzen das Eigene auf Dauer nicht stören, sondern nur klarer hervortreten lassen. Wenn wir im Crowley-Bild alle sieben Schwerter zusammen betrachten, dann wirken sie auch wie ein Baum, wie ein blühendes, gedeihliches Eigenwesen, das sich vor einem weiten Hintergrund gerade durch seine inneren Widersprüche in aller Schönheit auskristallisiert.

Die Karte aus dem *Marseiller-Tarot* vertritt die gleiche Bedeutung wie die Crowley-Karte. Dabei betont die Marseiller Darstellung mit den sechs Schwertern in Kreisform an Stelle der Gegenläufigkeit mehr die Verwobenheit und Komplexität der umgebenden Widersprüche.

Die Bedeutung des Eigenen kennt keine/r so gut wie der Wassermann. Denn kein anderes Tierkreiszeichen erfährt das Eigene so bewußt. Keine/r andere/r muß das Eigene aber auch so sehr kennen*lernen*, d. h. auch: suchen, wie der Wassermann.

Betrachten wir dazu das Bild der Rider-Karte. Um ein taugliches Selbstverständnis zu erwerben, muß die Person im Vordergrund sich von dem trennen, was ihr bisher selbstverständlich erschien. Indem sie über die »heimischen« Gewohnheiten hinausgeht, richtet sie sich auf ein persönliches neues Ziel, auf eine neue Heimat, wo der Person die Türen bereits offenstehen. »Weggehen, um anzukommen« – beides zusammen drückt die Bildfigur aus. Um etwas einzulösen, muß sie zugleich (sich von) etwas ablösen. Ihr *Lösungsverhalten* ist umsichtig, nach verschiedenen Seiten gleichzeitig orientiert. Ebenso ihre *Aufgabenstellung*: »Aufgabe« meint sowohl eine Verpflichtung für die Zukunft als auch die Verabschiedung einer Vergangenheit (eine Aufgabe übernehmen/etwas aufgeben).

Welcher Reiz, welcher Widerspruch und welches Rätsel darin liegen, für sich persönlich den geeigneten *Lösungsaufgaben nachzugehen* – das zeigt die »Schwert 7« im Rider-Bild.

Der Weg ins Ungewisse

Traumdeutung für umsichtige
Wassermann-Köpfe

Träume sind so alt wie die Menschen, aber die Traumdeutung als individuelle und psychologische Angelegenheit ist eine sehr junge Errungenschaft. Neu an der modernen Traumdeutung seit etwa 1900 ist weniger der Umstand, daß Träume für bedeutend und wichtig genommen werden. So lautet ein häufigeres Argument, das jedoch nicht unbedingt stichhaltig ist. Wenn wir bedenken,

- daß Kinder (heutzutage) bis in ein Alter von 5 oder 6 Jahren Traum und Nicht-Traum wenig bis gar nicht unterscheiden können,
- daß in unserer Geschichte die Zeit der Geister und Gespenster noch nicht lange vorbei ist,
- und daß auch wir Erwachsenen oft genug Mühe haben zu erkennen, was Traum ist und was nicht,

dann finden wir es weniger erstaunlich, daß Träume überhaupt ihren Stellenwert im täglichen Leben besitzen. Wie andere menschliche Erlebnis- und Ausdrucksweisen (z. B. Appetit, Bewegungsdrang) sind Träume Teil unserer Existenz. Das Neue und Besondere an der modernen Traumdeutung ist vielmehr, daß eine an sich selbstverständliche Existenzbedingung nicht mehr als selbstverständlich gilt.

Man setzt sich bewußter mit den Träumen auseinander. Die Träume verlieren dadurch ihre gewohnte Selbstverständlichkeit. Die einzelne Person aber, die träumt und die sich mit ihren Träumen beschäftigt, rückt mehr ins Blickfeld. Während die Träume ihre unbefragte Selbstverständlichkeit verlieren, gewinnt die Person selbst mehr Verständnis für sich und erwirkt letztlich ein neues *persönliches* Selbstverständnis.

Wenn die Tarot-Karten die Gedankenwelt der Astrologie um das Medium der Anschaulichkeit bereichern, so wird die Bilderwelt des Tarot ihrerseits durch den Erlebnisreichtum der Träume zusätzlich belebt und persönlich bedeutsam.

Traummotive des Wassermanns

Kein Thema kann nicht auf irgendeine Art mit dem Tierkreiszeichen Wassermann in Verbindung stehen. Ein Katalog von Wassermann-Träumen ist daher nicht möglich. Wir können nur umgekehrt bei solchen Motiven im Traum, die erfahrungsgemäß zum Umkreis des Wassermanns gehören, prüfen, ob auch bei einem aktuellen Traum die Zuordnung zum Wassermann sinnvoll ist, und darauf gegebenenfalls eine Interpretation aufbauen.

Wassermann – Motive im Traum:

Ursprung, Anstoß: Jede Art von Sprung, Stoß, Bruch und Energieübertragung. Große Sprünge, kleine Schritte. Beinbruch, Sprungkraft. Zündung, Funkenflug. »Glühwürmchen«. Wunderkerze, der springende Punkt. Der »letzte Schrei«. Der »Jüngste Tag«.

Überraschung, Verwunderung: Das Augenblickliche, das Gewaltsame, Feuerwerk, Sprengung, Explosion, Ausbruch, Gefühlsumschwung, Zusammenstoß, Anschlag, Katastrophe, Sensation. Das Sprunghafte, das Plötzliche, Unfall, Einfall, aus dem Rahmen fallen. Das Unerwartete, die Neuigkeit, das Groteske, aus der Reihe tanzen.

Brüchigkeit: Glas, Spiegel, Glatteis, gläserner Berg, Glashaus. (Erd-)Beben.

Mobilisierung: Meuterei, Rebellion, Revolution. Aufruhr, Massenbewegung, Mob, Amok. Aufregung, Unruhe, Hysterie, Opposition, Zuspitzung.

Befreiung: Abheben. Aussteigen, Aufspringen. Enthemmung, Entladung. Verbindungslosigkeit, Unverbindlichkeit. Aufbruch. Scheidung. Unterscheidung.

Freiheit: Menschenrechte, eigene Rechte, Gleichberechtigung, Emanzipation, Brüderlichkeit, Schwesterlichkeit. Diskussion, Freizeit, die Farbe lila.

Fliegen: Flugzeug, Luftballon, jegliche Bewegung im Luftraum und im Weltall. Pilot/in, Astronaut/in. Fluggeräte wie Drachen u. a. – Gondel. Schaukel. Auch: verschaukeln.

Vögel: Wie fliegen. Auch wie das »Vögeln«. Vogelperspektive. Ikarus. Höhenflug. »Einen Vogel haben«.

Luft: Wind, Sturm, Hauch. Aufbrausend, Aufklärend, Säuselnd. Luftkampf, Luftverschmutzung, Atemnot. Segeln in Luft und zu Wasser. Blasinstrumente. Witterung, Luftdruck, Preßlufthammer, Funkbrücke, Radar.

Gedankenwelt: Gedächtnis. Vergeßlichkeit. Vorstellung. Irrtum. Verwechslung. Genie und Wahnsinn. Erfindung, Erkenntnis. Selbstgespräch. Gespenster, Geisterbahn.

Wolken: Schäfchenwolken. Rosa Wolke. Auf einer Wolke sitzen.

Sterne: Reise zu Sternen. Sphärenklänge. Feen. Einsame Insel. Ideal. Edelsteine, Diamanten. Perspektiven-/Maßstabwechsel. Transparenz, Überblick, Weitsicht.

Himmel: Horizont, Höhe, Spitze, Auszeichnung, Kosmos. Überlegung, Theorie, Reflexion, Aspekte. Kaleidoskop. Überlegenheit. Das Gigantische, Kolossale, die Supermacht, der Rekord. Die Himmelstürmer, Utopie. Heiterkeit, Humor, Begeisterung. Bodenlosigkeit, Haltlosigkeit, Rücksichtslosigkeit.

Bewunderung: Stars, Bühne, Laufsteg, Auftritte in jeder Art, Scheinwerfer, Flutlicht. Außenseiter, Randlage. Extrawurst. Werbung, Dekor, Schmuck.

Aufhebung von Unterschieden: Uniformen, Gleichheitsliebe, Karneval, Travestie, Rollentausch.

Aufhebung von Polaritäten: Schnee. Unschuld. Vorurteilslosigkeit. Unberührtheit. Weisheit. Tabu. Weiße Weste. Neutral. Unpersönlich. Überpersönlich.

Aufhebung von Entfernungen: Reisen in jeder Form, besonders wenn mit großer Weite verbunden. Zeitreisen. Sogenannte Astralreisen. Fantasiereisen. Medien. Kommunikation. Verkehrswesen. Infrastruktur.

Elektrizität / Nerven: Lampen, Licht, Blendung, Helligkeit. Sicherung. Stromausfall. Verkrampfung. Zerreißproben. Torschlußpanik. »Fünf vor zwölf«.

Räderwerk / Netzwerk: Organisation, Kontakte, Zusammenhänge. Industrie, Großstadt, Gesellschaften, Parties, Parteien, Versammlungen. Leitungswege, Schaltkreise, Strickmuster, Kreislauf, Verästelung. Regelsysteme, Normen, Werte, Großrechner. Demokratie. Automation, Roboter, Fernsteuerung.

Rhythmus / Pulsgang: Schlagzeug. Impulse. Wellen. Strömungen. Strahlungen. Vibrationen. Reaktionsprozeß. Inszenierung. Dauerlauf. Motorik. Schwingkreise.

Sexuelle Traumvorstellungen beim Wassermann

Sexuelle Bedeutungen von Traumbildern können verborgen und gleichsam maskiert auftreten. Darauf hat Sigmund Freud beharrlich hingewiesen. Also kann – mit Freud – ein Balkon im Traum nicht nur einen Balkon, sondern auch einen weiblichen Busen bedeuten. Sexuelle Inhalte können weder verborgen noch offensichtlich, vielmehr in Metaphern, in einer eigenen Bildsprache auftreten. So kann das Fliegen – dieses zentrale Wassermann-Motiv – neben und mit allen Beziehungen zur Gedankenwelt ein bezeichnendes Bild für das sexuelle »High«-sein abgeben.

Oder im Traum erscheint ein Gegenstand, der keine unmittelbare, aber eine indirekte sexuelle Bedeutung dadurch besitzt, daß er wie ein Souvenir an entsprechende Ereignisse erinnert.

Die verschiedensten Momente können zusammenwirken. Träumt z. B. ein Kind davon, daß es von einem Balkon auf die Erde herabfliegt, kann dies die Verarbeitung von allen möglichen Tageseindrücken widerspiegeln, und es kann auch bedeuten, daß dieses Kind sich von der Mutterbrust löst und seine eigene Form der Sexualität entdeckt. Nun kann – Jahre und Jahrzehnte später – der Erwachsene von einer Stadt oder einem Stadtteil träumen, um im Traum unversehens bei einem Balkon zu landen. Was an jene Kindheitssituation zurückerinnern und den damaligen Absprung in einer aktuellen Weise wiederholen kann.

Auch im Bereich der Sexualität lassen sich wieder Motive nennen, die aller Erfahrung nach dem Tierkreiszeichen Wassermann zugeordnet werden können. Jedesmal, wenn diese Motive geträumt werden, kann es für die betreffende Traumdeutung sinnvoll sein, von einer Entsprechung zum Wassermann in einer/m selbst oder bei anderen auszugehen und diesen Zusammenhang bei der Trauminterpretation zu berücksichtigen.

Die Homosexualität steht in einer starken Beziehung zum Wassermann in uns. Teils ergibt sie sich als eine Folge der Gleichberechtigung, die der Wassermann auch auf die Geschlechterwahl anwenden will. Sie ergibt sich auch als eine mögliche Konsequenz des ausgeprägten Gleichheitsdenkens des Wassermanns und eines Ich-bezogenen Liebesideals nach dem Motto »Gleich und gleich gesellt sich gern«. Zu einem weiteren Teil hängt die Homosexualität auch mit dem Narzißmus zusammen, der Ich-losen Selbstliebe, die besonders auch Sache des Wassermanns sein kann.

Die Bisexualität wird ebenfalls weitgehend dem Wassermann in uns zugeordnet. Aus Gleichbehandlungsgründen der Geschlechter oder aus Gründen der »ewigen Jugend« und einer jugendlichen Unentschiedenheit kann besonders der Wassermann sich in seinen sexuellen Vorstellungen beiden Geschlechtern zuwenden.

Die Kindfrau und der *mannhafte Junge* sind sexuelle Typen, die zum Wassermann gehören wie das Motiv der »ewigen Jugend«. Sexuelle Erfahrungen aus der eigenen Kindheit und frühen Jugend können deshalb direkt und vermittelt eine besonders große Rolle in den Träumen des Wassermanns spielen. Alles, was mit Kinder- und Eltern-Rollen in sexuellen Träumen zusammenhängt, kann in Entsprechung zum Wassermann verstanden werden.

Vom eigenartigen zum eigenen Sex. Astrologisch wirken alle zwölf Tierkreiszeichen in der Gestaltung und Bedeutung der Sexualität zusammen. Der Skorpion besitzt einen besonderen Einfluß auf das Sexualleben. Aber klassisch und auf einen Punkt gebracht ist die Sexualität dem *Löwen* zugeordnet. Nun ist der Wassermann gerade die Adresse in uns, die vom Löwen am weitesten entfernt sich befindet, allerdings so entfernt, daß sich Löwe und Wassermann im astrologischen

Kreis geradewegs gegenüberstehen. Das bedeutet für den Wassermann in der Sexualität grundsätzlich eine besondere Gefahr und eine besondere Chance.

Die Gefahr besteht in der Kluft zwischen Sexualität und Bewußtheit. Sinnlose Sexualität und geschlechtsloser Intellekt sind auch typische Merkmale des Wassermanns. Roboterhafte Empfindungslosigkeit und gefühlloser Nervenkitzel gehören deshalb ebenso zu den typischen Wassermannmotiven wie alles Bizarre, das die Nerven der Erregung betäubt oder aufputscht.

Die große Chance entsteht auf der anderen Seite daraus, daß der Wassermann besser als jedes andere Zeichen der Sexualität insgesamt gegenübertreten kann, so daß er *seine* Bedürfnisse, Befürchtungen und Fähigkeiten auch auf sexuellem Gebiet besonders gut verstehen und mit ihnen bewußt handeln kann. Der Wassermann hat die besondere Möglichkeit und eine besondere Veranlassung dazu, in der Sexualität eigene Vorstellungen zu entwickeln und Wege zu deren Verwirklichung herauszufinden.

Suche nach der persönlichen Bedeutung

Auch für die Sexualität besteht das Angebot und die Aufgabe der Traumdeutung in einem bewußten Leben mit dem Unbewußten.

Weil diese – wünschenswerte – Perspektive sehr eng mit der Entwicklung eines *persönlichen* Selbstverständnisses verknüpft ist, ist es kein Zufall, daß innerhalb der Traumdeutung immer mehr gewohnte Selbstverständlichkeiten fraglich werden. Dadurch entsteht Freiraum. Anstelle und auf der Basis fixer Rezepte und fertiger

Schulen der Traumdeutung kann und muß eine persönliche Traumdeutung formuliert werden.

Dieser Übergang von einer schulmäßigen zu einer selbständigen Traumdeutung ergibt sich u. a. als Folge eines vermehrten Wissens. Dazu ein exemplarisches Beispiel: Eine Taube gehört als Vogel zum zentralen Repertoire der Wassermann-Symbole. Betrachten wir nun einmal die Bedeutungen, die eine Taube als Symbol heute besitzen kann.

Taube, Vögel

● Da ist zunächst die weiße Taube. Sie war im Abendland lange Zeit christliches Zeichen des Heiligen Geistes. In der jüdischen Überlieferung und im Alten Testament ist sie Bote Gottes, der sie vom Himmel auf die Erde sendet, als Zeichen des Glücks und der Wiedererneuerung (nach der Sintflut). In der griechischen Mythologie gehört die weiße Taube zur Sophia, der Göttin der Weisheit, und zur Liebesgöttin Aphrodite (Venus). In unserer Zeit macht sie als Friedenstaube Furore. Die Traumdeutung hat in ihr ein Zeichen nicht nur der geistigen, sondern auch der sexuellen Höhenflüge erkannt. Das knüpft wiederum an die griechische Mythologie an. Dort hatte der Liebesgott Eros Vögel als Attribute.

● Mit einer solch enormen Spannbreite möglicher Bedeutungen wird an einem gewissen Punkt der Entwicklung das Symbol selbst »verfremdet«, in eine neue Dimension oder Bedeutungsrichtung gekippt. Ein Beispiel dafür ist Alfred Hitchcocks Film »Die Vögel«.

Darin werden nicht nur Tauben, aber jedenfalls weiße Vögel vorgeführt, deren Bedeutung vom traditionellen Charakter des sanften Täubchens, des gnadenreichen Gottesboten (und der seligen Möwe Jonathan) umschlägt in eine zerstörerische, lebensbedrohende Macht. Die Vögel und damit auch die Taube sind hier »die Geister, die sie riefen«, aus deren Belagerung man sich vorsichtig befreien muß.

● Unter diesen Voraussetzungen kann die Taube sich als ein Zeichen des Schreckens oder des Ekels verselbständigen. Die weiße Taube wird insoweit zum Inbegriff des »blanken Entsetzens«, die gewöhnliche Taube zum Symbol des Grauens, der Taubheit und der Betäubung. Sie heißt dann »die Ratte der Lüfte«, gilt als Aasvogel und findet ihr »verdientes« Ende, wenn es mit Georg Kreisler heißt: »Gehen wir Tauben vergiften im Park...«

Wenn Sie also träumen, und in Ihren Träumen begegnet Ihnen eine Taube, dann müssen Sie mit der gesamten Palette von Bedeutungen rechnen, die dieses Tier als Symbol in den Kulturbereichen besitzt, an denen Sie Anteil haben. Sie treffen auf eine ganze Bedeutungsgeschichte für dieses Symbol. Zugleich ist diese Bedeutungsgeschichte des Symbols nicht beendet; durch Sie und jede/n Träumer/in wird die Symbolgeschichte aktualisiert und in die eine oder andere Richtung fortgeschrieben.

Brüchigkeit, Brechungen

Die Brüchigkeit, ein weiteres zentrales Wassermann-Symbol wie die Vögel, macht vor keinem Bereich halt. Gewohnte Deutungsrezepte, wie »schwarzer Rabe = Pechvogel und weiße Taube = Gnade und Weisheit«, werden mehr und mehr brüchig (und sind es lange schon geworden). Die Brüchigkeit der alten Formeln kann unser Selbstverständnis gefährden, soweit dieses auf den bisherigen Bedeutungen aufbaut. Die Brüchigkeit kann jedoch auch ein Signal des Aufbruchs darstellen, weshalb zum Beispiel vor einer Hochzeit traditionell »gepoltert« wird und das Sprichwort verheißt: »Scherben bringen Glück«.

Alle Formen von Ein-, Aus-, Durch-, Ab-, Um-, Auf-Bruch stellen häufig Trauminhalte dar, die dem Wassermann in uns und dessen Zustand entsprechen. Sogar das Ver-Brechen hängt mit dieser Brüchigkeit als zentralem Wassermann-Motiv zusammen.

Auf einer anderen Ebene drücken auch »der Sprung in der Schüssel« und die Tassen, die »nicht mehr alle« im Schrank sich befinden, das gleiche Wassermann-Motiv aus. Hinzukommen alle Formen des Bebens, Zitterns und Vibrierens.

Wann immer Träume solche Brüche, Irritationen und Zerbrechlichkeiten zum Inhalt haben, können sie mit dem speziellen Wassermann-Thema in Verbindung stehen: »Weggehen, um anzukommen« – Verlust eines alten Bewußtseins und eines gewohnten Selbstverständnisses; Wiederherstellung eines neuen Bewußtseins und eines geeigneten Selbstverständnisses.

Träume als Herausforderungen
für den Wassermann

Kein zweites Tierkreiszeichen besitzt eine so große Begabung für den Umgang mit Träumen und zugleich eine so erstaunliche Furcht vor der Begegnung mit eben diesen Träumen – wie der Wassermann. Die *Begabung* erklärt sich daher, daß Träume in Form der sogenannten »luziden Träume«, der Hell- oder Wachträume, das tägliche Brot des Wassermanns sind. Denn ob Tag oder Nacht – selten ist der Wassermann-Typus völlig ohne Träume. Auch wenn er »realistischen« Tätigkeiten nachgeht – z. B. als Arbeiter im Ersatzteillager oder als Fachfrau in der Datenverarbeitung –, bewegt sich der Wassermann in einer eigenen Welt, die ebenso real wie traumhaft-visionär ist. Dabei spielen u. a. eine Rolle: die Vorliebe für kunstvolle Inszenierungen, aber auch für mechanische »Fließband«-Arbeiten, bei denen der Geist »abschwirren« kann. Der Tanz auf dünnem Eis oder schwankendem Seil; die Suche nach Sensationen, aber auch eine Idealisierung des Banalen.

Die *Furcht* vor der wirklichen Begegnung mit den eigenen Träumen rührt aus derselben Quelle wie die erwähnte Begabung. Sosehr der typische Wassermann in den Tag-Träumen zu Hause ist, so fremd und unwirklich ist ihm die andere Seite der Traumwelt: die Träume, die jenseits von Kontrolle und Bewußtheit liegen. Der Wassermann in uns unternimmt gerne Fantasiereisen, aber er scheut wie ein Pferd vor dem Feuer oder vor dem Abgrund, wenn er an die Grenzen dessen kommt, was er persönlich sich vorstellen kann. Da beginnen für ihn die Tabus und die Heiligtümer, das wirklich Unbewußte, die blinden schwarzen oder weißen Flecken.

Warum aber soll der Wassermann in uns sich überhaupt auf den Weg ins große Unbekannte machen? Andere Tierkreiszeichen sind auf das unbekannte Unbewußte spezialisiert, wie der Skorpion und je nachdem auch Steinbock, Zwillinge und andere. Warum also diese Reise in die Anderswelt? Aus keinem anderen Grund als dem, daß der Wassermann nur so zu sich findet. Seine glänzenden Anlagen, seine Sternennatur, hat der Wassermann von Geburt an in sich. Aber er muß sie nicht nur »intus« haben, sondern auch »ausdrücklich« kennen und anwenden können. Er muß sie abholen wie Diamanten unter Tage und wie Sterne am Firmament. Hat er seine Diamanten gefunden, kann er über leeres Gestein hinweggehen. Vorher aber wäre das bloße Verweilen über Tage – zu oberflächlich, ein Verrat an sich selbst und seiner/seinem Nächsten. Hat der Wassermann seine Sterne abgeholt, kann er unter einem offenen und freien Himmel sein irdisches Dasein verbringen. Vorher aber wäre das bloße Verweilen auf der Erde – zu flach, eine Lieblosigkeit sich selbst und anderen gegenüber.

Träume sind persönliche Mitteilungen

Für das selbständige Verständnis Ihrer Träume (und wenn es nötig ist: auch für die Distanz zu ihnen) werden folgende Tips und Regeln vorgeschlagen.

Alles ist wichtig – so lautet ein erster Grundsatz. Aufmerksam jedes Detail, jeden Zusammenhang beachten. Woran erinnern Sie sich nach dem Traum? Was fühlen Sie im Moment des Gewahrwerdens? Vergessen Sie erst einmal jede Bewertung. Hauptsache, Sie sehen in Ihrer Vorstellung einigermaßen das vor sich, wovon Sie wohl geträumt haben. Hauptsache, Ihr Gefühl und Ihre Empfindungen finden im halb- oder ganzwachen Zustand die Bilder, Eindrücke und Abläufe aus Ihren Träumen wieder.

Führen Sie die Kamera. Sobald Sie Ihre Traumbilder genügend deutlich vor Ihrem geistigen Auge sehen, gehen Sie in die einzelnen Bilder hinein. Stellen Sie sich vor, Sie seien ein Beleuchter, der eine Szene nach unterschiedlichen Richtungen ausleuchtet, oder eine Kamerafrau, die die Szene nacheinander von mehreren Standpunkten aus betrachten kann.

Achten Sie auf Ihre Beobachtungen. Oft passieren in einem Traumbild oder einer Traumsequenz mehrere Handlungen gleichzeitig. Unterschiedliche Argumente, Ereignisse, Gefühle und Taten können gleichzeitig wirken. Versuchen Sie zu unterscheiden. Halten Sie fest, was für Sie wichtig erscheint.

Seien Sie ehrlich sich selbst gegenüber. Legen Sie sich Zeugnis davon ab, was Sie im Traum gesagt und getan, gespürt und gedacht haben. Alles ist wichtig. Keine/r kennt Ihren Traum außer Ihnen. Stellen Sie für sich fest, was (Traum-)Sache ist.

Drücken Sie den Ablauf eines Traums in Ihren Worten aus. Sagen (oder schreiben) Sie sich in Worten und Sätzen die Traumgeschichte auf. Wenn es sein muß, kurz. Aber verzichten Sie nicht darauf.

Speichern Sie Ihren Traum. Merken Sie sich nun Ihren Traum mit seinen Bildern und Eindrücken, mit seinen verschiedenen Szenen und Ihren Beobachtungen. Merken Sie sich die Traumgeschichte, wie Sie sich auch eine Einkaufsliste merken.

Legen Sie Abstand zu Ihrem Traum ein. Sie kennen jetzt Ihren Traum. Stellen Sie sich vor, irgendein guter Freund oder eine gute Freundin hätte ihn just Ihnen erzählt. Wie würden Sie darüber urteilen? Was denken Sie, und was tun Sie unterdessen?

Sammeln Sie Ideen zur Bewertung. Bevor Sie den Traum bewerten, sammeln Sie Ideen, welche Bedeutungen hier vernünftiger- und verrückterweise zutreffen können.

Versuchen Sie die Logik oder Unlogik zu verstehen. Wenn der Traum insgesamt – mit seinen verschiedenen Teilen, Brüchen oder Widersprüchen – einen Sinn oder auch einen bestimmten Unsinn darstellen soll, worin kann diese Logik oder Unlogik bestehen?

Entscheiden Sie sich für eine geeignete Interpretation. Kommen Sie zu einer Entscheidung. Was unklar bleibt, darf unklar bleiben. Nur merken sollten Sie sich dieses. Gibt es mehrere stimmige Interpretationen, merken Sie sich diese Stück für Stück, und legen Sie Ihre nächsten Schritte fest.

Sagen Sie sich Ihre Interpretation. Leise oder laut – sprechen Sie Ihr Urteil unzweideutig aus.

Stellen Sie zwei Aufgaben fest, die sich aus der Interpretation ergeben. Formulieren Sie diese Aufgaben unmißverständlich für sich und beginnen Sie mit der Erledigung.

Geben Sie sich Rechenschaft. Legen Sie sich regelmäßig Rechenschaft ab – über Ihre Traumbilder und Ihre Beobachtungen dazu. Über Ihre Interpretationen (Bedeutungsvorstellungen) und die Erledigung Ihrer persönlichen Aufgaben.

Beziehen Sie sich auf die Reaktionen von Mitmenschen. Vergegenwärtigen Sie sich Reaktionen von anderen auf Ihr Verhalten. Lassen Sie diese gelten und beziehen Sie sie in Ihre Selbst-Rechenschaft mit ein.

Beziehen Sie sich auf Ihre sonstigen Träume und Überzeugungen. Beziehen Sie sich bei Interpretation, Anwendung und Überprüfung (Rechenschaft) auf Ihre früheren oder sonstigen Auffassungen.

Beziehen Sie sich auf Ihre Wünsche und Ängste. Leiden Sie und lachen Sie. Es tut gut, wenn man weiß, warum man weiß und warum man träumt: Um aus vollem Herzen Mensch zu sein. Erledigen Sie Ihre Aufgaben. Und bleiben Sie Ihren Träumen treu.

Jenseits von Witz und Komplex...

»Unser Kopf ist rund, damit das Denken die Richtung wechseln kann«, hat ein schlauer Vogel einmal bemerkt. Weil das Denken auch um Ecken denken und sich nach allen Seiten gleichzeitig mit so ungeheurer Geschwindigkeit ausbreiten kann, wie sonst nur das Licht, deshalb kann und muß man mit den einfachsten, aber auch den kompliziertesten Zusammenhängen rechnen, wenn man sich daran macht, Träume zu deuten. Traumdeutung ist zu einem großen Teil *Bewußtseinsarbeit*, was Verstandesarbeit und Bemühen um ein *bewußtes Sein*, um eine eigene adäquate Existenz beinhaltet. Jedenfalls liegt es zumindest auch am raffinierten Charakter der Gedanken und nicht allein an besonders verdrehten und verkappten Trauminhalten, wenn die Traumdeutung immer wieder auf Verkehrungen und Vertauschungen, auf grandiose Konstruktionen und unglaubliche Einfachheiten in den Traumbildern stößt.

In nächster Zukunft werden ein neues Verständnis der Alltagssprache (»Grammatik des Unbewußten«) sowie veränderte Einsichten in unsere Sehgewohnheiten (»Was du siehst, ist das, was sieht«) zu interessanten neuen Traumperspektiven führen.

Zunächst aber dominieren noch die verschiedenen traditionellen Schulen der Traumdeutung (Freud, Jung, humanistische Deutung, klassische Deutsche Philosophie, Esoterik) – mitten in einem literarischen Supermarkt, in dem für viele mögliche und unmögliche Traum-Aspekte ein Angebot auf Sie wartet. Im Rahmen dieses Buches kann allgemein nur vorgeschlagen werden, sich für ein persönliches Vorgehen in der Traumdeutung zu entscheiden.

Wieviel Theorie und welche Theorien dazu gehören sollen, kann nur persönlich mit Hand und Fuß festgelegt werden. Da die Träume mit allem, was sonst in einem Leben vor sich geht, zusammenhängen, kann auch dieses alles die entscheidenden Fingerzeige für das Verständnis der eigenen Träume abgeben – ein psychologisches Buch genauso wie ein Fernsehspot, ein beruflicher Anruf und eine private Frage. Allgemeingültig erscheinen lediglich zwei Kriterien auf dem persönlichen Weg ins Reich der Träume:

- Verbindlichkeit sich selbst gegenüber
- Verantwortung (Bereitschaft zur Antwort) gegenüber anderen.

Die vielfältigen Prüfungen, Betrachtungen und Überlegungen, die man anstellen muß, bis einer/m die eigenen Träume *klar* werden, sind Methoden der persönlichen Reinigung und Läuterung. Beachten Sie dabei auch die folgenden Gesichtspunkte:

Umkehrungen gehören generell zum Traumgeschehen und müssen beim Wassermann, der die Kippfiguren und Wechsellagen in sich birgt wie kaum ein anderes Zeichen, besonders berücksichtigt werden. Umkehrungen im Traum bedeuten, daß jeder erdenkliche Zusammenhang in verkehrter Proportion, in vertauschter Abfolge oder verwechselter Wirkungsrichtung auftauchen kann. Der Täter erscheint z. B. als Opfer, oder der Mittelpunkt am Rande, der Hintergrund im Vordergrund, die Zukunft in der Vergangenheit usw. Eine bekannte Szenerie nimmt eine völlig unbekannte Bedeutung an – Vertrautes findet unter unmöglichen Umständen statt usw. usw.

Personentausch ist ein zentrales Element der Traumbildung. Jede Person, die im Traum auftritt, kann

- die sein, für die sie sich ausgibt bzw. als die sie im Traum angesehen wird oder
- eine Darstellungsform der eigenen Person der Träumerin oder des Träumers sein oder
- eine dritte Person vertreten oder
- etwas Unpersönliches verkörpern.

Selbst wenn diese Person im Traum ein Mitmensch ist (Partnerin, Kind, Kollege), kann diese Traumperson dennoch eine Art Verkleidung für die Person der/des Träumenden sein oder an jemand ganz anderen erinnern oder Unpersönliches – z. B. eine Idee – zur Vorstellung bringen.

Personalauswahl. Achten Sie einmal darauf, über eine gewisse Zeit hinweg, wer in Ihren Träumen erscheint. – Sehen Sie sich selbst in voller Lebensgröße in Ihren Träumen? – Wenn sich in Träumen Unangenehmes häuft, wer tritt dabei vorzugsweise auf? Wenn Schönes sich im Traum kristallisiert, welche Personen sind dabei?

Zeitverschiebungen. Jede/r kann sich selbst als Kind, Erwachsene/r und Greis/in im Traum begegnen. Jedes Alter kann der Gegenwart im Traum entsprechen.

Ortsveränderungen. Jede/r kann sich an jedem Ort, von dem er/sie überhaupt Kenntnis hat, im Traum wiederfinden. Jeder Ort im Traum kann symbolisch der tatsächlichen Lage und dem momentanen Standpunkt der/des Träumers/in entsprechen.

Belebung von Unbelebtem. Was die Märchen und der Computer-Bildschirm können – Unbelebtes zum Leben animieren, das machen die Träume wie selbstverständlich auch. Dinge sprechen oder schweigen beredt. Räume erzeugen Spannungsfiguren usw. Ferner hängt mit der Animation von Unbelebtem auch eine Auflösung der üblichen Eigenschaftsmerkmalen von allem Möglichen zusammen. Farben erzeugen dann z. B. Klänge, Worte verströmen Gerüche, Pferde beginnen zu fliegen, Fische zu laufen und Vögel zu schwimmen.

… die Suche nach dem eigenen Stern

Die Reise ins Ungewisse hatte in der Vergangenheit als Lehr- oder Wanderjahre oder in Pilgerzeiten durchaus schon eigene Kulturformen gefunden. Heute müssen wir neue Wege dafür finden. Einer geht über ein neues Verständnis des Wissens.

Der Wassermann hält sich viel auf sein Wissen zugute, und das darf er auch, denn es ist sein Metier. Dies ist häufig jedoch mit der Vorstellung verbunden, Wissen sei schon gleich Geist und Kultur. Das aber trifft nicht zu.

Viele Lebewesen wissen etwas, nicht nur der Mensch. Was den Menschen unterscheidet, ist die Fähigkeit *zu wissen, daß er weiß* (und zu wissen, daß er nicht weiß).

Zu wissen, was man weiß, ist kein philosophischer Luxus, sondern notwendige Voraussetzung für ein taugliches Selbstverständnis. Seine hinreichende Vervollständigung erfährt das menschliche Bewußtsein durch das Wissen vom Ungewußten und Unbekannten.

Der Weg ins Ungewisse verlangt und ermöglicht den Übergang zu einem bewußten Leben mit dem Unbewußten, einen gewissenhaften Umgang mit dem Ungewissen. Für den Wassermann ist das der naheliegendste Weg zu seinen weitesten Hoffnungen.

Übers Andere zum Eigenen

Die Umkehrung eines Sterns ist ein schwarzer Fleck (statt weißem Punkt auf schwarzem Grund das Gleiche umgekehrt). Solche Umkehrpunkte verhalten sich zueinander wie Gegensatz und Ergänzung. Der schwarze Fleck alias schwarzes Loch ist sowohl das vermeidungswürdige Gegenteil eines leuchtenden Sterns, wie unter Umständen auch der notwendige und beruhigende Gegenpol dazu. Für den Wassermann in uns, der alles Wissen sammelt und speichert, ist es besonders wichtig, bewußt das Nichtwissen aufzunehmen.

Vielleicht kennen Sie den Dr. Murke aus der Erzählung von Heinrich Böll, der ganze Tonbandlängen aus Schweigeminuten und -sekunden zusammenstellte. Das gesammelte Schweigen hörte er sich an, nur Schweigen vom Band. Die weise Logik, die in einer solchen Handlung (die für sich genommen auch verstört oder kokett sein kann) zum Ausdruck kommt, ist diese: Es hat einen hohen Wert, sich anzuhören, was man nicht hört.

» *Wenn du auslöschst Sinn und Ton – was hörst du dann?* « So lautet (nach J. E. Berendt) einer der berühmten Koans, jener Rätselsprüche und Offenbarungen des Zen-Buddhismus.

Eine der Grundübungen vieler Augentrainings ist das sogenannte Palmieren: In entspannender Haltung werden die Hände vor die Augen gelegt (Handwurzeln auf die Backenknochen), so daß kein Licht von außen an die Augen dringt. Die Augen sind geschlossen, und je schwärzer es nun vor den Augen wird, desto besser, desto ruhiger und desto angenehmer. Falls Sie die Übung durchführen, lassen Sie sich anschließend genug Zeit, um sich langsam an das Licht und an das, was Sie nun wieder sehen, zu gewöhnen. – Oder wenn Ihnen einmal alles über dem Kopf zusammenzuschlagen droht, stellen Sie sich möglichst spürbar und plastisch vor, daß Sie in einen schwarzen Tunnel hineinfahren. Sie sehen den Berg vor sich, Sie sehen den Tunnel deutlich schwarz und fahren hinein. Sie fahren lange, und das reicht dann erstmal. Sie ruhen sich aus. Es ist klar, daß der Tunnel aus dem Berg wieder hinausführt. Aber Sie verweilen unter Tage, solange es Sie dort hält. –

Vieles ist zu sagen über fremde Welten. Aber das allein reicht und nützt dem Wassermann nicht, wenn es um das Unbewußte geht. Die fremdeste Wirklichkeit, wenn er sich sie nur irgendwie vorstellen kann, ähnelt er sich noch an. Denn in jeder bestimmten Vorstellung ist der Wassermann zu Hause. Also können und müssen wir ihm ein geistiges Futter geben, welches das Unvorstellbare enthält –, wie den blinden Fleck oder eine weiße Fläche oder einen Koan-Rätselspruch. Dann wird das Unvorstellbare Gast in der Gedankenwelt des Wassermanns. Der Wassermann bleibt bei sich zu Hause und dennoch ist das Andere bei ihm.

Die Verwandlung der Betroffenheit

Märchen für mutige Wassermann-Naturen

Die »Kinder- und Hausmärchen« der Brüder Grimm erschienen erstmals 1812−14. Das ist etwa die Zeit, in der Goethes »Faust« (1. Teil) und E. T. A. Hoffmanns »Elixiere des Teufels« veröffentlicht wurden. Der Titel »Kinder- und Hausmärchen« ist manchmal im Sinne der Harmlosigkeit mißverstanden worden. Es stimmt sicherlich, daß die Brüder Grimm etliche Märchen so bearbeitet haben, daß manch anstößige Stelle »weggebügelt« wurde. Doch das ist nur ein Aspekt.

Der Titel muß auch so verstanden werden, daß mit der Märchensammlung erstmals *Kinderkram und Hausintimitäten* eine literarische und sprachliche Bedeutung erhielten. Wie das Volk zur gleichen Zeit um seine Rechte und die Deutschen um ihre nationale Existenz kämpften, so drückt das Lebenswerk der Brüder Grimm auch ein *Ringen um »Luft«*, um freien Atem und freie Rede aus. Dafür nahmen die »Märchenonkel« z. B. in Kauf, daß sie wegen Teilnahme am Protest der »Göttinger Sieben« amtsenthoben und ausgewiesen wurden.

Märchen, bis dato nicht druckfähig und in der Schriftwelt daher *sprachlos*, bekamen nun ein Sprachrohr. Wie die einfachen Stände zunehmend Bildung und Wissenschaft für sich einforderten und erwarben, so war die Sammlung und Veröffentlichung der Märchen *auch* ein Akt der Emanzipation.

Weil sie so eng mit der deutschen gesellschaftlichen Entwicklung verflochten sind, blieben die Märchen der Brüder Grimm bis in die aktuelle Gegenwart von besonderer Bedeutung. Märchen aus 1001 Kulturen bereichern heute unsere Fantasiewelten. Die »Kinder- und Hausmärchen« sind daraus nicht wegzudenken.

Der Grund für die Begeisterung, die Erwachsene mit Märchen empfinden, liegt wohl besonders darin, daß Märchen eine Form der Psychologie darstellen, bei der man selbst betroffen sein und innerlich miterleben kann – auch und gerade in seelischen Fragen, bei denen wir noch in den »Kinder- und Hausschuhen« stecken. Da kommt der Wassermannn wieder ins Spiel, der ein außergewöhnliches Wissen besitzen kann, während er zur gleichen Zeit seelisch, körperlich und willensmäßig womöglich auf schwachen Beinen steht. Der Wassermann – als Typus in uns, der das Bewußtsein steuert – kann deshalb *gleichzeitig* kindlich und altklug, welterfahren und unsicher, jugendlich und grauhaarig auftreten. Damit nun die ganze Person zur Geltung kommt und kein Koloß auf tönernden Füßen kultiviert wird, sind Märchen auch für den intellektuellen Wassermann in uns eine reizvolle Angelegenheit.

Märchen schlagen eine Brücke in die Zeit zurück, die im Sinne der Schrift- und Kulturwelt sprachlos war. Dieser Zusammenhang gilt für die Historie der Gesellschaft, aber ebenso für die individuelle Geschichte. Auch persönlich gab es und gibt es »sprachlose« Zeiten, und in diese und durch diese begleiten uns die Märchen.

»Es war einmal…«, diese bekannte Floskel bedeutet auch: ES war einmal – Es im psychologischen Sinne des

Unbewußten. Von den Zeiten, in denen »Es« wahr war, berichten die Märchen. Und wenn zahlreiche Texte mit der Formel beginnen »In den alten Zeiten, wo das Wünschen noch geholfen hat, lebte ein...«, so bringen die Märchen für uns auch die Hoffnung und die Sehnsucht danach zum Ausdruck, daß vielleicht auf eine erwachsene, aufgeweckte Art »Es« wieder wahr sei und das Wünschen neu zur Hilfe werde.

Es hängt freilich mit der Charakteristik des Wassermanns zusammen, daß im folgenden ein Märchen eingehender dargestellt wird, das »Märchen von einem, der auszog, das Fürchten zu lernen«, in dem die Wünsche in der Doppelrolle von Fluch und Segen auftreten. Der Wunsch, gruseln zu lernen, bringt die Geschichte ins Laufen. Stein des Anstoßes und geheimnisvoller Bezugspunkt ist jedoch ein Schloß, dessen Problem eben darin besteht, daß es *verwünscht* ist. – Gegenüber

- zahlreichen Legenden von in Flüssen und Seen beheimateten Wassermännern und Wasserfrauen,
- den Ikarus- und Peter-Pan-Geschichten sowie
- anderen Märchen (u. a. »Der gestiefelte Kater« und »Sterntaler«)

hat das folgende Märchen hier den Vorzug erhalten, weil es am meisten vom astrologischen Wassermann erzählt.

Märchen von einem, der auszog, das Fürchten zu lernen

Ein Vater hatte zwei Söhne, davon war der älteste klug und gescheit und wußte sich in alles wohl zu schicken, der jüngste aber war dumm, konnte nichts begreifen und lernen; und wenn ihn die Leute sahen, sprachen sie: »Mit dem wird der Vater noch seine Last haben!« Wenn nun etwas zu tun war, so mußte es der älteste allzeit ausrichten; hieß ihn aber der Vater noch spät oder gar in der Nacht etwas holen und der Weg ging dabei über den Kirchhof oder sonst einen schaurigen Ort, so antwortete er wohl: »Ach nein, Vater, ich gehe nicht dahin, es gruselt mir!« Denn er fürchtete sich. Oder, wenn abends beim Feuer Geschichten erzählt wurden, wobei einem die Haut schaudert, so sprachen die Zuhörer manchmal: »Ach, es gruselt mir!« Der jüngste saß in einer Ecke und hörte das mit an und konnte nicht begreifen, was es heißen sollte. »Immer sagen sie, es gruselt mir! es gruselt mir! Mir gruselt's nicht: das wird wohl eine Kunst sein, von der ich auch nichts verstehe.«

Nun geschah es, daß der Vater einmal zu ihm sprach: »Hör du, in der Ecke dort, du wirst groß und stark, du mußt auch etwas lernen, womit du dein Brot verdienst. Siehst du, wie dein Bruder sich Mühe gibt, aber an dir ist Hopfen und Malz verloren.« – »Ei, Vater«, antwortete er, »ich will gerne was lernen; ja, wenn's anginge, so möchte ich lernen, daß mir's gruselte; davon versteh ich noch gar nichts.« Der älteste lachte, als er das hörte, und dachte bei sich: Du lieber Gott, was ist mein Bruder ein Dummbart, aus dem wird sein Lebtag nichts: was ein Häkchen werden will, muß sich beizeiten krümmen. Der Vater seufzte und antwortete ihm: »Das Gruseln, das sollst du schon lernen, aber dein Brot wirst du damit nicht verdienen.«

Bald danach kam der Küster zum Besuch ins Haus; da klagte ihm der Vater seine Not und erzählte, wie sein jüngster Sohn in allen Dingen so schlecht beschlagen wäre, er wüßte nichts und lernte nichts. »Denkt Euch, als ich ihn fragte, womit er sein Brot verdienen wollte, hat er gar verlangt, das Gruseln zu lernen.« – »Wenn's weiter nichts ist«, antwortete der Küster, »das kann er bei mir lernen; tut ihn nur zu mir, ich will ihn schon abhobeln.« Der Vater war es zufrieden, weil er dachte: Der Junge wird doch ein wenig zugestutzt. Der Küster nahm ihn also ins Haus, und er mußte die Glocke läuten. Nach ein paar Tagen weckte er ihn um Mitternacht, hieß ihn aufstehen, in den Kirchturm steigen und läuten. Du sollst schon lernen, was Gruseln ist, dachte er, ging heimlich voraus, und als der Junge oben war und sich umdrehte und das Glockenseil fassen wollte, so sah er auf der Treppe, dem Schalloch gegenüber, eine weiße Gestalt stehen. »Wer da?« rief er, aber die Gestalt gab keine Antwort, regte und bewegte sich nicht. »Gib Antwort«, rief der Junge, »oder mache, daß du fortkommst, du hast hier in der Nacht nichts zu schaffen.« Der Küster aber blieb unbeweglich stehen, damit der Junge glauben sollte, es wäre ein Gespenst. Der Junge rief zum zweitenmal: »Das willst du hier? Sprich, wenn du ein ehrlicher Kerl bist, oder ich werfe dich die Treppe hinab.« Der Küster dachte: Das wird so schlimm nicht gemeint sein, gab keinen Laut von sich und stand, als wenn er von Stein wäre. Da rief ihn der Junge zum drittenmal an, und als das auch vergeblich war, nahm er einen Anlauf und stieß das Gespenst die Treppe hinab, daß es zehn Stufen hinabfiel und in einer Ecke liegenblieb. Darauf läutete er die Glocke, ging heim, legte sich, ohne ein Wort zu sagen, ins Bett und schlief fort. Die Küsterfrau wartete lange Zeit auf ihren Mann, aber er wollte nicht wiederkommen. Da ward ihr endlich angst, sie weckte den Jungen und fragte: »Weißt du nicht, wo mein Mann geblieben ist? Er ist vor dir auf den Turm gestiegen.« – »Nein«, antwortete der Junge, »aber da hat einer dem Schalloch gegenüber auf der Treppe gestanden, und weil er keine Antwort geben und auch nicht weggehen wollte, so habe ich ihn für einen Spitzbuben gehalten und hinuntergestoßen. Geht nur hin, so werdet Ihr sehen, ob er's gewesen ist; es sollte mir leid tun.« Die Frau sprang fort und fand ihren Mann, der in einer Ecke lag und jammerte und ein Bein gebrochen hatte.

Sie trug ihn herab und eilte dann mit lautem Geschrei zu dem Vater des Jungen. »Euer Junge«, rief sie, »hat ein großes Unglück angerichtet, meinen Mann hat er die Treppe hinabgeworfen, daß er ein Bein gebrochen hat. Schafft den Taugenichts aus unserm Haus.« Der Vater erschrak, kam herbeigelaufen und schalt den Jungen aus. »Was sind das für gottlose Streiche, die muß dir der Böse eingegeben haben.« – »Vater«, antwortete er, »hört nur an, ich bin ganz unschuldig: er stand da in der Nacht wie einer, der Böses im Sinne hat. Ich wußte nicht, wer's war, und habe ihn dreimal ermahnt, zu reden oder wegzugehen.« – »Ach«, sprach der Vater, »mit dir erleb ich nur Unglück, geh mir aus den Augen, ich will dich nicht mehr ansehen.« – »Ja, Vater, recht gern, wartet nur, bis Tag ist, da will ich ausgehen und das Gruseln lernen, so versteh ich doch eine Kunst, die mich ernähren kann.« – »Lerne, was du willst«, sprach der Vater, »mir ist alles einerlei. Da hast du fünfzig Taler, damit geh in die weite Welt und sage keinem Menschen, wo du her bist und wer dein Vater ist, denn ich muß mich deiner schämen.« – »Ja, Vater, wie Ihr's haben wollt; wenn Ihr nicht mehr verlangt, das kann ich leicht in acht behalten.«

Als nun der Tag anbrach, steckte der Junge seine fünfzig Taler in die Tasche, ging hinaus auf die große Landstraße und sprach immer vor sich hin: »Wenn mir's nur gruselte! wenn mir's nur gruselte!« Da kam ein Mann heran, der hörte das Gespräch, das der Junge mit sich selber führte, und als sie ein Stück weiter waren, daß man den Galgen sehen konnte, sagte der Mann zu ihm: »Siehst du, dort ist der Baum, wo siebene mit des Seilers Tochter Hochzeit gehalten haben und jetzt das Fliegen lernen: setz dich darunter und warte, bis die Nacht kommt, so wirst du schon das Gruseln lernen.« — »Wenn weiter nichts dazu gehört«, antwortete der Junge, »das ist leicht getan; lerne ich aber so geschwind das Gruseln, so sollst du meine fünfzig Taler haben: komm nur morgen früh wieder zu mir.« Da ging der Junge zu dem Galgen, setzte sich darunter und wartete, bis der Abend kam. Und weil ihn fror, machte er sich ein Feuer an; aber um Mitternacht ging der Wind so kalt, daß er trotz des Feuers nicht warm werden wollte. Und als der Wind die Gehenkten gegeneinanderstieß, daß sie sich hin und her bewegten, so dachte er: Du frierst unten bei dem Feuer, was mögen die da oben erst frieren und zappeln. Und weil er mitleidig war, legte er die Leiter an, stieg hinauf, knüpfte einen nach dem andern los und holte alle siebene herab. Darauf schürte er das Feuer, blies es an und setzte sie ringsherum, daß sie sich wärmen sollten. Aber sie saßen da und regten sich nicht, und das Feuer ergriff ihre Kleider. Da sprach er: »Nehmt euch in acht, sonst häng ich euch wieder hinauf.« Die Toten aber hörten nicht, schwiegen und ließen ihre Lumpen fortbrennen. Da ward er bös und sprach: »Wenn ihr nicht achtgeben wollt, so kann ich euch nicht helfen, ich will nicht mit euch verbrennen«, und hing sie nach der Reihe wieder hinauf. Nun setzte er sich zu seinem Feuer und schlief ein, und am anderen Morgen, da kam der Mann zu ihm, wollte die fünfzig Taler haben und sprach: »Nun, weißt du, was Gruseln ist?« — »Nein«, antwortete er, »woher sollte ich's wissen? Die da droben haben das Maul nicht aufgetan und waren so dumm, daß sie die paar alten Lappen, die sie am Leibe

haben, brennen ließen.« Da sah der Mann, daß er die fünfzig Taler heute nicht davontragen würde, ging fort und
sprach: »So einer ist mir noch nicht vorgekommen.«

Der Junge ging auch seines Wegs und fing wieder an, vor
sich hin zu reden: »Ach, wenn mir's nur gruselte! ach,
wenn mir's nur gruselte!« Das hörte ein Fuhrmann, der
hinter ihm herschritt, und fragte: »Wer bist du?« – »Ich
weiß nicht«, antwortete der Junge. Der Fuhrmann fragte
weiter: »Wo bist du her?« – »Ich weiß nicht.« – »Wer ist
dein Vater?« – »Das darf ich nicht sagen.« – »Was
brummst du beständig in den Bart hinein?« – »Ei«, antwortete der Junge, »ich wollte, daß mir's gruselte, aber
niemand kann mir's lehren.« – »Laß dein dummes Ge-
schwätz«, sprach der Fuhrmann, »komm, geh mit mir, ich
will sehen, daß ich dich unterbringe.« Der Junge ging mit
dem Fuhrmann, und abends gelangten sie zu einem Wirts-
haus, wo sie übernachten wollten. Da sprach er beim Ein-
tritt in die Stube wieder ganz laut: »Wenn mir's nur gruselte! wenn mir's nur gruselte.« Der Wirt, der das hörte,
lachte und sprach: »Wenn dich danach lüstet, dazu sollte
hier wohl Gelegenheit sein.« – »Ach, schweig stille«,
sprach die Wirtsfrau, »so mancher Vorwitzige hat schon
sein Leben eingebüßt, es wäre Jammer und Schade um die
schönen Augen, wenn die das Tageslicht nicht wieder sehen sollten.« Der Junge aber sagte: »Wenn's noch so
schwer wäre, ich will's einmal lernen, deshalb bin ich ja
ausgezogen.« Er ließ dem Wirt auch keine Ruhe, bis dieser
erzählte, nicht weit davon stände ein verwünschtes
Schloß, wo einer wohl lernen könnte, was Gruseln wäre,
wenn er nur drei Nächte darin wachen wollte. Der König
hätte dem, der's wagen wollte, seine Tochter zur Frau ver-
sprochen, und die wäre die schönste Jungfrau, welche die
Sonne beschien; in dem Schlosse steckten auch große

Schätze, von bösen Geistern bewacht, die würden dann frei und könnten einen Armen reich genug machen. Schon viele wären wohl hinein-, aber noch keiner wieder herausgekommen. Da ging der Junge am andern Morgen vor den König und sprach: »Wenn's erlaubt wäre, so wollte ich wohl drei Nächte in dem verwünschten Schlosse wachen.« Der König sah ihn an, und weil er ihm gefiel, sprach er: »Du darfst dir noch dreierlei ausbitten, aber es müssen leblose Dinge sein, und das darfst du mit ins Schloß nehmen.« Da antwortete er: »So bitt ich um ein Feuer, eine Drehbank und eine Schnitzbank mit dem Messer.«

Der König ließ ihm das alles bei Tage in das Schloß tragen. Als es Nacht werden wollte, ging der Junge hinauf, machte sich in einer Kammer ein helles Feuer an, stellte die Schnitzbank mit dem Messer daneben und setzte sich auf die Drehbank. »Ach, wenn mir's nur gruselte!« sprach er, »aber hier werde ich's auch nicht lernen.« Gegen Mitternacht wollte er sich sein Feuer einmal aufschüren. Wie er so hineinblies, da schrie's plötzlich aus einer Ecke: »Au, miau! was uns friert!« – »Ihr Narren«, rief er, »was schreit ihr? Wenn euch friert, kommt, setzt euch ans Feuer und wärmt euch.« Und wie er das gesagt hatte, kamen zwei große schwarze Katzen in einem gewaltigen Sprunge herbei, setzten sich ihm zu beiden Seiten und sahen ihn mit feurigen Augen ganz wild an. Über ein Weilchen, als sie sich gewärmt hatten, sprachen sie: »Kamerad, wollen wir eins in der Karte spielen?« – »Warum nicht?« antwortete er, »aber zeigt einmal eure Pfoten her.« Da streckten sie die Krallen aus. »Ei«, sagte er, »was habt ihr lange Nägel! Wartet, die muß ich euch erst abschneiden.« Damit packte er sie beim Kragen, hob sie auf die Schnitzbank und schraubte ihnen die Pfoten fest. »Euch habe ich auf die

Finger gesehen«, sprach er, »da vergeht mir die Lust zum Kartenspiel«, schlug sie tot und warf sie hinaus ins Wasser. Als er aber die zwei zur Ruhe gebracht hatte und sich wieder zu seinem Feuer setzen wollte, da kamen aus allen Ekken und Enden schwarze Katzen und schwarze Hunde an glühenden Ketten, immer mehr und mehr, daß er sich nicht mehr bergen konnte: die schrien greulich, traten ihm auf sein Feuer, zerrten es auseinander und wollten es ausmachen. Das sah er ein Weilchen ruhig mit an; als es ihm aber zu arg ward, faßte er sein Schnitzmesser und rief: »Fort mit dir, du Gesindel«, und haute auf sie los. Ein Teil sprang weg, die andern schlug er tot und warf sie hinaus in den Teich.

Als er wiedergekommen war, blies er aus den Funken sein Feuer frisch an und wärmte sich. Und als er so saß, wollten ihm die Augen nicht länger offen bleiben, und er bekam Lust zu schlafen. Da blickte er um sich und sah in der Ecke ein großes Bett. »Das ist mir eben recht«, sprach er und legte sich hinein. Als er aber die Augen zutun wollte, so fing das Bett von selbst an zu fahren und fuhr im ganzen Schloß herum. »Recht so«, sprach er, »nur besser zu.« Da rollte das Bett fort, als wären sechs Pferde vorgespannt, über Schwellen und Treppen auf und ab. Auf einmal hopp, hopp! warf es um, das Unterste zuoberst, daß es wie ein Berg auf ihm lag. Aber er schleuderte Decken und Kissen in die Höhe, stieg heraus und sagte: »Nun mag fahren, wer Lust hat«, legte sich an sein Feuer und schlief, bis es Tag war. Am Morgen kam der König, und als er ihn da auf der Erde liegen sah, meinte er, die Gespenster hätten ihn umgebracht und er wäre tot. Da sprach er: »Es ist doch schade um den schönen Menschen.« Das hörte der Junge, richtete sich auf und sprach: »So weit ist's noch nicht.« Da verwunderte sich der König, freute sich aber

113

und fragte, wie es ihm gegangen wäre. »Recht gut«, antwortete er, »eine Nacht wäre herum, die zwei andern werden auch herumgehen.« Als er zum Wirt kam, da machte der große Augen. »Ich dachte nicht«, sprach er, »daß ich dich wieder lebendig sehen würde; hast du nun gelernt, was Gruseln ist?« – »Nein«, sagte er, »es ist alles vergeblich: wenn mir's nur einer sagen könnte!«

Die zweite Nacht ging er abermals hinauf ins alte Schloß, setzte sich zum Feuer und fing sein altes Lied wieder an: »Wenn mir's nur gruselte!« Wie Mitternacht herankam, ließ sich ein Lärm und ein Gepolter hören, erst sachte, dann immer stärker, dann war's ein bißchen still, endlich kam mit lautem Geschrei ein halber Mensch den Schornstein herab und fiel vor ihn hin. »Heda!« rief er, »noch ein halber gehört dazu, das ist zu wenig.« Da ging der Lärm von frischem an, es tobte und heulte und fiel die andere Hälfte auch herab. »Wart«, sprach er, »ich will dir erst das Feuer ein wenig anblasen.« Wie er das getan hatte und sich wieder umsah, da waren die beiden Stücke zusammengefahren und saß da ein greulicher Mann auf seinem Platz. »So haben wir nicht gewettet«, sprach der Junge, »die Bank ist mein.« Der Mann wollte ihn wegdrängen, aber der Junge ließ sich's nicht gefallen, schob ihn mit Gewalt weg und setzte sich wieder auf seinen Platz. Da fielen noch mehr Männer herab, einer nach dem andern, die holten neun Totenbeine und zwei Totenköpfe, setzten auf und spielten Kegel. Der Junge bekam auch Lust und fragte: »Hört ihr, kann ich auch mit sein?« – »Ja, wenn du Geld hast.« – »Geld genug«, antwortete er; »aber eure Kugeln sind nicht recht rund.« Da nahm er die Totenköpfe, setzte sie in die Drehbank und drehte sie rund. »So, jetzt werden sie besser schüppeln«, sprach er, »heida! nun geht's lustig!« Er spielte mit und verlor etwas von seinem Geld; als es aber zwölf Uhr schlug, war alles vor seinen Augen verschwunden. Er legte sich nieder und schlief ruhig ein. Am andern Morgen kam der König und wollte sich erkundigen. »Wie ist dir's diesmal gegangen?« fragte er. – »Ich habe gekegelt«, antwortete er, »und ein paar Heller verloren.« – »Hat dir denn nicht gegruselt?« – »Ei was«, sprach er, »lustig habe ich mich gemacht. Wenn ich nur wüßte, was Gruseln wäre!«

In der dritten Nacht setzte er sich wieder auf seine Bank und sprach ganz verdrießlich: »Wenn es mir nur gruselte!« Als es spät war, kamen sechs große Männer und brachten eine Totenlade hereingetragen. Da sprach er: »Ha, ha, das ist gewiß mein Vetterchen, das erst vor ein paar Tagen gestorben ist«, winkte mit dem Finger und rief: »Komm, Vetterchen, komm!« Sie stellten den Sarg auf die Erde, er aber ging hinzu und nahm den Dek-kel ab: da lag ein toter Mann darin. Er fühlte ihm ans Gesicht, aber es war kalt wie Eis. »Wart«, sprach er, »ich will dich ein bißchen wärmen«, ging ans Feuer, wärmte seine Hand und legte sie ihm aufs Gesicht, aber der Tote blieb kalt. Nun nahm er ihn heraus, setzte sich ans Feuer und legte ihn auf seinen Schoß und rieb ihm die Arme, damit das Blut wieder in Bewegung kommen sollte. Als auch das nichts helfen wollte, fiel ihm ein, wenn zwei zu-sammen im Bett liegen, so wärmen sie sich, brachte ihn ins Bett, deckte ihn zu und legte sich neben ihn. Über ein Weilchen war auch der Tote warm und fing an, sich zu regen. Da sprach der Junge: »Siehst du, Vetterchen, hätt ich dich nicht gewärmt!« Der Tote aber hub an und rief: »Jetzt will ich dich erwürgen.« – »Was«, sagte er, »ist das mein Dank? Gleich sollst du wieder in deinen Sarg«, hub ihn auf, warf ihn hinein und machte den Deckel zu; da kamen die sechs Männer und trugen ihn wieder fort. »Es will mir nicht gruseln«, sagte er, »hier lerne ich's mein Lebtag nicht.«

Da trat ein Mann herein, der war größer als alle anderen und sah fürchterlich aus; er war aber alt und hatte einen langen weißen Bart. »O du Wicht«, rief er, »nun sollst du bald lernen, was Gruseln ist, denn du sollst sterben.« – »Nicht so schnell«, antwortete der Junge, »soll ich sterben, so muß ich auch dabei sein.« – »Dich will ich schon packen«, sprach der Unhold. – »Sachte, sachte, mach dich nicht so breit; so stark wie du bin ich auch und wohl noch stärker.« – »Das wollen wir sehen«, sprach der Alte, »bist du stärker als ich, so will ich dich gehn lassen; komm, wir wollen's versuchen.« Da führte er ihn durch dunkle Gänge zu einem Schmiedefeuer, nahm eine Axt und schlug den Amboß mit einem Schlag in die Erde. »Das kann ich noch besser«, sprach der Junge und ging zu dem andern Amboß: der Alte stellte sich neben ihn und wollte zusehen, und sein weißer Bart hing herab. Da faßte der Junge die Axt, spaltete den Amboß auf einen Hieb und klemmte den Bart des Alten mit hinein. »Nun hab ich dich«, sprach der Junge, »jetzt ist das Sterben an dir.« Dann faßte er eine Eisenstange und schlug auf den Alten los, bis er wimmerte und bat, er möchte aufhören, er wolle ihm große Reichtümer geben. Der Junge zog die Axt raus und ließ ihn los. Der Alte führte ihn wieder ins Schloß zurück und zeigte ihm in einem Keller drei Kasten voll Gold. »Davon«, sprach er, »ist ein Teil den Armen, der andere dem König, der dritte dein.« Indem schlug es zwölfe, und der Geist verschwand, also daß der Junge im Finstern stand. »Ich werde mir doch heraushelfen können«, sprach er, tappte herum, fand den Weg in die Kammer und schlief dort bei seinem Feuer ein. Am andern Morgen kam der König und sagte: »Nun wirst du gelernt haben, was Gruseln ist?« –

»Nein«, antwortete er, »was ist's nur? Mein toter Vetter war da, und ein bärtiger Mann ist gekommen, der hat mir da unten viel Geld gezeigt; aber was Gruseln ist, hat mir keiner gesagt.« Da sprach der König: »Du hast das Schloß erlöst und sollst meine Tochter heiraten.« – »Das ist alles recht gut«, antwortete er, »aber ich weiß noch immer nicht, was Gruseln ist.«

Da ward das Gold heraufgebracht und die Hochzeit gefeiert, aber der junge König, so lieb er seine Gemahlin hatte und so vergnügt er war, sagte doch immer: »Wenn mir nur gruselte, wenn mir nur gruselte.« Das verdroß sie endlich. Ihr Kammermädchen sprach: »Ich will Hilfe schaffen, das Gruseln soll er schon lernen.« Sie ging hinaus zum Bach, der durch den Garten floß, und ließ sich einen ganzen Eimer voll Gründlinge holen. Nachts, als der junge König schlief, mußte seine Gemahlin ihm die Decke wegziehen und den Eimer voll kalt Wasser mit den Gründlingen über ihn herschütten, daß die kleinen Fische um ihn herum zappelten. Da wachte er auf und rief: »Ach, was gruselt mir, was gruselt mir, liebe Frau! Ja, nun weiß ich was Gruseln ist.«

Dieses Märchen aus der Sammlung der Brüder Grimm paßt gut zu typischen Wesenszügen des Wassermanns. Nervenkitzel, Angst, Grauen, grotesker Spaß und eine unglaubliche Sehnsucht nach eigener, authentischer Erfahrung – das sind einige der Momente, die in dem Märchen zum Ausdruck kommen und die den Wassermann in uns ansprechen. Das Bedürfnis zu gruseln kann sich im Alltag z. B. als Lust an Krimis und Horrorgeschichten sowie als neugieriges Wachwerden bei Katastrophen- und Gefahrenmeldungen äußern. Der Wassermann kann zweideutige Empfindungen und unklare

Eindrücke genießen wie kein zweiter, aber auch unbesehen in sich speichern wie kein anderer. Wenn der Wassermann einmal den Vorratsschrank des Verdrängten und des Unerledigten öffnet, kann es tatsächlich zugehen wie auf einer Geisterbahn, die kein Jahrmarktsspaß mehr bleibt.

Wie ein Traum oder eine Tarot-Karte läßt sich auch das Märchen auf verschiedenen Ebenen verstehen. Einige davon wollen wir hier näher betrachten.

An der Angst geht's lang

Sie wissen sicherlich, daß der Wassermann in Ihnen äußerst lernfähig ist und sich vieles bewußtmachen kann. Wenn es für ihn sein muß, lernt der Wassermann gleichsam ganze Bibliotheken auswendig, erwirbt sich ein halbes Dutzend Fremdsprachen oder beherrscht nach kurzer Zeit komplizierte Systeme und Muster. Mit demselben Lerneifer kann der Wassermann sich auf die Psychologie oder die Selbsterfahrung werfen und sich Schulen und Methoden von A–Z aneignen. An sich ein wünschenswertes Ziel. Aber – und nur beim Wassermann wird dieses ABER so groß geschrieben – auch ein sinnloses Ziel, wenn dieses Wissen dazu beiträgt, die Hemmschwelle noch zu vergrößern, die zwischen der Welt des Wissens und der Welt des Unbewußten liegt.

Der Wassermann benötigt großen Mut und vitale Gelassenheit, um seine alte Identität zu verlassen, um auszuziehen und das kennenzulernen, was jenseits von

Wissen und Vorstellung liegt. In dieser bestimmten Beziehung bewahrheitet sich das Motto, das u. a. in der Gestalt-Therapie bekannt ist: »An der Angst geht's lang.« Für andere Tierkreiszeichen ist die Entdeckung ihrer Wünsche der entscheidende Schlüssel. Es muß also bei weitem nicht immer die Angst sein. Aber für den Wassermann ist das anders. Was den Wassermann zur Begegnung mit dem wirklichen Unbewußten führt und was also im vorliegenden Märchen die Titelfigur auf den Weg bringt, ist gerade der Wunsch, gruseln zu lernen, die eigenen Ängste zu erfahren.

Gruseln wird im Märchen als Empfindung beschrieben, »wobei einem die Haut schaudert«. Im Deutschen gibt es das Wort *Grus* in der Bedeutung von »Schutt, Geröll, Verfallenes«. Gleichbedeutend damit ist das Wort *Graus*, das zusätzlich auch »Schrecken, Entsetzen« meint (»O Graus!«) und in Verbindung mit »grau« und »grauen« wie auch mit »grausam« und »grausen« steht. Immerhin bedeutet *grauseln* oder *gruseln* in der Wortlehre nur eine »leichte Furcht«. Dennoch ist es ein hübsches Schreckenskabinett, das sprachlich um das Wort *Grus* versammelt ist. Oder?

Da gibt es doch auch das fast gleiche Wörtchen *Gruß*. Und *grüßen* heißt bekanntlich »Heil wünschen, Willkommen heißen, einen freundlichen Empfang bieten« usw. (»Grüß Gott!«). Der Wortschatz unserer Sprache bringt also einen gleichen Zusammenhang zum Ausdruck wie das Märchen: Da gibt es etwas Schreckliches, das fast gleich ist mit etwas, das man freudig begrüßt! Ganz so, wie *Furcht* und *Frucht* lautlich fast identisch sind.

Die Aufgabe der Trauer

Neben der Angst motiviert auch die Trauer das Geschehen im Märchens. Die Trauer ist ein Ausdruck der persönlichen Betroffenheit von Schmerz, Verlust, Leid, Unglück usw. Sie ist eine elementare Form des menschlichen Bewußtseins. Sie läßt die Dinge des Lebens nicht nur geschehen oder bloß über sich ergehen. Sie macht etwas damit, stellt ein persönliches Verhältnis dazu her. Die Trauer ist verwandt mit der Leidenschaft. Wie die Liebe, wie echte Kreativität oder wie ein gelebter Gottesglaube, so bringt auch die Trauer den *ganzen Menschen* zur Geltung und schafft einen *universalen Weltbezug*, eine persönliche Beziehung zu einem ganzen Universum.

Bewußte Trauer widerspricht Allmachts- und Ohnmachtserfahrungen. Manchmal jedoch ereignen sich derartige Einschnitte im eigenen Leben, daß keine Trauer und nicht einmal Gefühle von Ohnmacht und Demütigung übrigbleiben; Verletzungen, die einen Schock, eine bleibende Betäubung hervorrufen. Der Held unseres Märchens steht unter einer solchen *Narkose*. Wenn sein Vater zu ihm sagt: »Mit dir erleb ich nur Unglück, geh mir aus den Augen, ich will dich nicht mehr ansehen« und »Mir ist alles einerlei… sage keinem Menschen, wo du her bist und wer dein Vater ist, denn ich muß mich deiner schämen«, dann berichtet uns das Märchen von keiner Regung des Jungen. Wie ein bewußtloser Roboter erklärt dieser nur: »Ja, Vater, recht gern« und »Ja, Vater, wie Ihr's haben wollt.«

Alles, was den Nebenfiguren des Märchens geschieht, kann ein Spiegel und eine Erklärung dafür sein, was der Hauptfigur selbst zugestoßen ist und was diesen Jungen so betäubt gemacht hat, daß er nicht einmal das Gruseln kennt. Der Küster z. B. kann für ein ursprünglich eigenes Erlebnis der Titelfigur stehen. Irgend etwas ist geschehen, das dem Jungen die Sprache verschlagen hat. »Dem Schalloch gegenüber eine weiße Gestalt…« Ein weißes Etwas, steht dem Mund (Schalloch) gegenüber und spiegelt dessen Sprachlosigkeit. Daß dem Mund das Sprechen und sogar die Luft versagt wird, setzt sich weiter fort in den Gehenkten und in dem »Vetterchen«, das der Junge erwärmt und das ihn daraufhin erwürgen will. Auch diese Figuren stellen Erlebnisse dar, die dem Jungen selbst widerfahren sein mögen.

Irgendetwas wollte ihn »stumm« machen. Weil der Schock zu groß war, als daß er ihn bewältigen konnte, wurde *stumm* zu *dumm*. »Was ich nicht weiß, macht mich nicht heiß«, diese Devise erlaubte dem Jungen das Überleben, das Weiterleben. Aber der Preis dafür waren Unwissenheit und Vergessen, die Verdrängung der Erinnerung und die Auslöschung der Betroffenheit. – Wichtig ist dabei zu verstehen, daß die weiße Gestalt genauso den panischen Schrecken auslösen kann wie etwa die späteren schwarzen Katzen mit den Feueraugen. Die weiße Gestalt bedeutet: Lichtblick und Geistesgegenwart, sogar Begegnung mit dem Heilen und Heiligen; aber auch »Nichts«, eine Überbelichtung bis zur Unkenntlichkeit, ein unbeschriebenes Blatt, eine weiße Fläche, auf der alles Besondere getilgt ist, ein namenloses Entsetzen.

Der Küster wird vom Turm die Treppe hinabgestoßen. Das spiegelt etwas, das der Junge selbst nicht weiß oder nicht sagen kann: Irgend etwas war so hell, derart ungehörig, daß es ihn nicht nur vom Sockel gehauen, sondern »zehn Stufen« in der Entwicklung zurückgeworfen hat. Dabei hat er sich ein Bein gebrochen, jene Körperstelle, die dem Wassermann zugeordnet und die für den aufrechten Gang mitverantwortlich ist.

Alle anderen Begebenheiten des Märchens können weitere Erfahrungen und schreckliche Eindrücke des Jungen zum Ausdruck bringen, die sich praktisch vor Beginn der Handlung im Märchen ereignet haben. Wenn der Junge dann auszieht, das Fürchten zu lernen, ist bereits eine entscheidende Wende eingetreten: Das Stumme soll nicht länger unausgesprochen bleiben. Der Junge macht sich auf den Weg, den Bann zu lösen und das Unbegreifliche einzuholen. Er stellt seinen Mangel fest: Seine Unberührtheit von Schauder und Grusel.

Diesen seinen Mangel macht der Narren-Held sich zur Bestimmung und ist sich instinktiv sogar gewiß, daß in seinem spezifischen Mangel auch sein künftiger Broterwerb enthalten ist. Was der Beinbruch verhinderte – auf eigenen Füßen stehen: eine eigene Existenz, einen Existenzgrund besitzen – das soll nun neu versucht werden. Das ist eine Umwandlung der Trauer und der Versuch, der persönlichen Eigenart *Ver-Trauen* entgegenzubringen.

Die Aufhebung des Mangels

Wenn eine/r den Mangel kennt, dann der Wassermann in uns. Der Grund hierfür ist der *kosmische Charakter* des Wassermanns. Steinbock, Wassermann und Fische sind die drei kosmischen Zeichen des Tierkreises. Wassermann ist dabei das einzige Luftzeichen, also das einzige Zeichen, das kosmisch *denkt* und einen kompletten Kosmos *geistig* zu verarbeiten hat.

Das Wort *kosmisch* (die Nähe zu komisch ist auch passend) stammt vom altgriechischen »Kosmos«, was soviel wie »Schmuck, Ordnung« heißt. Zugleich bedeutet »kosmisch« im aktuellen Sprachgebrauch oft »ganzheitlich, spirituell, religiös, universell«. Beide Bedeutungsrichtungen können übereinstimmen.

Der Wassermann besitzt und braucht den großen Überblick und einen weiten Horizont. Wenn er die Größe der Welt und des Universums erfaßt, besitzt der Wassermann vielleicht eher als andere ein spirituelles, religiöses oder universelles Bewußtsein.

Diese Begabung für das »Höhere« ist die eine Seite des kosmischen Charakters. Die andere Seite ist nüchterner, jedoch nicht wirkungsloser: *Kosmisch* bedeutet für den Wassermann praktisch, daß in seiner gesamten persönlichen Welt *alles in schmucker Ordnung* sein soll. So wie etwa das Tierkreiszeichen Krebs nach der Devise leben mag »In meinem Heim soll alles zu mir passen« und wie z. B. das Tierkreiszeichen Jungfrau, um Ruhe und Bestätigung zu finden, den eigenen Garten oder Schreibtisch in guter Ordnung wissen muß, so und nicht anders muß der Wassermann ständig seinen gesamten geistigen Horizont vermessen, sortieren und systematisieren, um Sicherheit und Gewißheit zu besitzen.

Da entwickelt sich das »kosmische Denken« je nachdem auch zu einer »ganzheitlichen Belastung«, weil einfache Praxisfragen mit einer enormen Fülle von

Denk- und Kontrolloperationen verbunden sein können. Für den Wassermann ist dieses Vorgehen jedoch eine Notwendigkeit und letztlich auch sein Glück. Indem er sich in seinen Handlungen treu und seiner selbst bewußt bleibt bzw. wird, entwickelt er sein Bewußtsein (sein bewußtes Sein) und findet die ihm gemäße Existenzweise. –

Doch weiter zum Mangel. Wo alle Handlungen von Gedanken und Vorstellungen überlagert sind und wo alle geistigen Regungen vernetzt und miteinander verschweißt sind, wie eben beim Wassermann, dort ist auch die Neigung zu Komplexen groß. Wie ein kleiner defekter Mikrochip eine sehr viel größere Rechneranlage schief und quer steuern kann, so findet auch im Denken des Wassermanns ein Fehler, eine Verletzung oder eine Blendung Vervielfachung in ungezählten Spiegeln und Entsprechungen.

Ein Komplex im Bereich der Gedanken und Vorstellungen stellt eine sogenannte *Neurose* dar, eine Mischung aus Hoch- und Tiefspannung der Nerven. Das gesamte Denken kreist dabei um einen oder um einige wenige Punkte und wird auf der einen Seite überstrapaziert, auf der anderen unterfordert. Neurosen sind Strudel oder Wirbelstürme des Geistes und gehören zum Wassermann, wie Kopfverletzungen zum Widder und wie die Neigung, über die eigenen Füße zu stolpern, zu den Fischen. Komplexe gehören zu allen festen oder fixen Zeichen – was dem Wassermann die fixe Idee, sind dem Stier die fixen Ergebnisse, dem Löwen fixe Erlebnisse und dem Skorpion fixe Einstellungen und Prinzipien. Die kardinalen und veränderlichen Zeichen haben dafür andere Stärken und Schwächen. Und »*fix*«

bedeutet auch ein Doppeltes: Fixiert, starr; und clever, schnell.

Die Neurose ist jedenfalls nicht besser und nicht schlechter als eine Qualität eines anderen Tierkreiszeichen. Daß die Neurose tatsächlich aber vorbelastet ist dadurch, daß sie als Sorgenkind zum Star der neueren Psychologie avancierte, liegt mehr am Gang der Psychologie in jüngster Vergangenheit und an der Bezogenheit der Psychologie auf geistiges Verständnis, als an einer besonderen Problematik des Wassermanns. Der Wassermann ist zwar einzigartig – und das auch in seinen Problemen. Aber als solcher ist er ein Tierkreiszeichen wie jedes andere auch. –

Der große Vorteil einer Neurose ist der, daß man weiß, was man sucht. Oder man merkt wenigstens, daß man etwas sucht. Wenn der Narren-Held unseres Märchens sich »auf die große Landstraße« begibt und stetig vor sich hinspricht: »Wenn mir's nur gruselte«, so drückt dies seine Besessenheit, sein Ein-Punkt-Denken aus. Aber zugleich weiß er jetzt *endlich*, was er will. Das ist der springende Punkt. Er kommt jetzt wieder selbst ins Spiel, auch wenn er noch leidet, ohne zu schaudern. Die eigene Passivität und die Obrigkeit von Vater und Kirchendienst (Küster) sind beendet. Die Feststellung seines Mangels (»Mir gruselt's nicht«) und die Anforderung, sein Brot zu verdienen, hatten den Jungen auf den Weg gebracht. Anzeichen von Trauer und Mitleid führen ihn im weiteren auf *seinen* Weg, der schließlich zum verwunschenen Schloß hinlenkt. Trauer deutet sich an, wenn er zur Frau des Küsters sagt: »Es sollte mir leid tun.« Mitleid wird ihm vom Märchen ausdrücklich bei den Galgenvögeln zugesprochen.

Trauer und Mitleid sind Elemente der Reue und der Umkehr. Trauer und Mitleid helfen dem Wassermann, die Fixiertheit des Geistes zu beleben und die Wirbelstürme der Gedanken zu beruhigen. Trauer und Mitleid führen zur Selbstvergewisserung und geben der Existenz einen neuen Sinn, wenn man sich des eigenen Mangels bewußt wird und damit handelt.

Die Unterscheidung des Eigenen

Die Lösung, auf die das Märchen zusteuert, besteht darin, daß der Hauptakteur das Gruseln »gründlich« lernt und daß er – scheinbar nebenbei – das Schloß erlöst, den Schatz befreit, seine Frau findet und König wird. Mit diesem Finale gibt das Märchen im Rückblick zu verstehen, was den Jungen einst so sehr verletzt hat, daß er sich zum Taugenichts gemacht und ein Dasein gefristet hat, in dem er selber wie ein verwunschenes Schloß, wie eine abgeschottete Festung, in der nachts die Geister toben, lebte.

Traum und Trauma haben die gleiche Wurzel. Trauma bedeutet »Wunde, Verletzung«. Wo die größten Träume (Sehnsüchte, Hoffnungen, Ideale) wohnen, da ist man auch am verletzbarsten. Und wo man die größten Verwundungen erlitten hat, das stellt auch einen Fluchtpunkt dar, auf den sich die stärksten Wünsche und Ängste, die kraftvollsten Traumimpulse beziehen. Das verwunschene Schloß ist im Doppelsinne Fluchtpunkt für den Jungen: Da führt sein Weg *hin*, und davon trieb es ihn einst mit solcher Macht *weg*, daß eben für ihn ein böser Fluch darauf liegt. Sigmund Freud hat diese Konstellation in der treffenden Formulierung

»Erinnern, Wiederholen und Durcharbeiten« zum Gegenstand der psychologischen Behandlung gemacht.

Am Anfang des Märchens haben wir einen Vater und zwei Söhne. Am Schluß des Märchens sind es wieder drei Personen, diesmal aber: junger König mit Gemahlin und zurücktretendem alten König. Wir können annehmen, daß es die drei gleichen Personen sind, die sich zwischenzeitlich gewandelt haben. Dabei fällt auf, daß erst am Ende eine positive Frauengestalt zum Leben der Titelfigur zählt. D. h. schließlich sind es sogar zwei Frauenfiguren, denn das Kammermädchen gehört dazu und gibt den entscheidenden Lösungstip.

Zunächst treten Frauen in der Handlung gar nicht auf, eher noch »die Leute«. Die erste Frau in dieser Geschichte ist die Küsterfrau, die »mit lautem Geschrei« dazu Anlaß gibt, daß der Vater den Jungen aus dem Hause schickt. Erst in der Mitte des Märchens tritt wohlwollend die Wirtsfrau auf, die sich Gedanken um den Jungen macht: »Es wäre Jammer und Schade um die schönen Augen, wenn die das Tageslicht nicht mehr wiedersehen sollten.« Die Lösung des Märchens hat also damit zu tun, daß das Weibliche und Frauliche zu seinem Recht und zu seinen Chancen kommen kann.

Ein Schloß gilt in der Traumdeutung als Zeichen des Mütterlichen, der Geborgenheit und der Umklammerung. Dabei können je nachdem individuelle oder kollektive Erfahrungen der Mütterlichkeit gemeint sein. In dem verwunschenen Schloß des Märchens tummeln sich nun Katze und Hund an glühenden Ketten. Diese Ketten zeigen die Verbindung mit der unterirdischen Schmiede an. Sie kündigen bereits die letzte Station der dritten Nacht im alten Schloß an. Katze und Hund bedeuten verdrängte und unkultivierte Wünsche und Ängste. Während die schwarzen Hunde auch als Höllenhunde bekannt sind, symbolisieren die schwarzen Katzen Eigenwilligkeit, ungestüme Lebens- und Sexualkraft, Überwindung des Todes und der Todesfurcht, aber auch räuberische Agressivität und hinterhältige Heimtücke. Wir können also sagen, dieses Wunschschloß ist nachts voll von ungebärdigen Leidenschaften in Sachen Liebe, Tod und Teufel. Besonders die schwarzen Katzen gelten dabei als Kennzeichen des Weiblichen, wovon viele Hexenlegenden und unzählige Theaterstücke, Filme usw. auf unterschiedliche Weise Zeugnis ablegen – von »Der Widerspenstigen Zähmung« über »Kiss me, Kate« bis zu »Cat People«. Mit den Trieben, mit Liebe, Tod und Teufel ist das Weibliche in den Bereich der Nacht, des Unbewußten verdrängt. Diese vermengte Verdrängung tut nun keiner der beteiligten Seiten gut. Deshalb ist es dem Narren-Held hoch anzurechnen, daß er Licht in die Nacht trägt.

In den Nächten zündet er nun wieder und wieder sein Feuer an. Zuvor hatte er, beim Küster, um *Mitternacht* die Glocke geläutet. Seine Erregung, sein Wachwerden, aber auch der Alarm, der Aufruhr in seinem ganzen Wesen tun sich damit kund. Wie ein tobender Sturm meldet sich das verdrängte Bewußtsein, als der Junge den Turmwächter hinabschubst und sich zum ersten Mal im Reich der Nacht selbst behauptet. Dann lernt der Junge durch die Gehenkten, die unfähig sind, Hilfe anzunehmen, den Unterschied zwischen Leben und Tod wieder neu kennen. Dadurch ist er später in der Lage, das Angebot des Königs zu ergreifen, sich *drei leblose*

Dinge zu seiner Selbsthilfe auszuwählen. Die drei Dinge, die der Junge sich wünscht, nehmen Bezug auf drei elementare Kulturleistungen: Nutzung des Feuers, des Rads und des Werkzeugs. Damit ausgerüstet, begibt er sich in die erste Nacht und schlägt in den Katzen und Hunden die nichtsnutzigen und zerstörerischen Seiten des Unbewußten tot.

Offensichtlich geht es hier nicht darum, das Unbewußte, Wünsche und Ängste zu vernichten, sondern darinnen jeweils zu unterscheiden, wie vorher zwischen Leben und Tod. »Die Nacht des verwunschenen Schlosses« ist ein anderer Ausdruck für: *der verschlossene Bereich der nächtlichen (unbewußten) Wünsche*. Der Bereich des Unbewußten, das verwunschene Schloß, wird im Märchen nicht vernichtet, sondern befreit. Was aber getötet wird, ist die gespenstische, vampirhafte Seite des Unbewußten. Der Fluch einer unbewältigten Vergangenheit bleibt auf der Strecke.

Dazu muß der Junge unterscheiden. Sein Messer, mit dem er ruft: »Fort mit dir, du Gesindel«, ist auch ein Mittel der unterscheidenden Erkenntnis (vgl. S. 60 f. zu den Schwertern). Später wiederholt sich dieser Zusammenhang in der Schmiedeszene sehr deutlich. Der Amboß – das eigene Stehvermögen, der unbewußte Unterbau – soll nicht wieder in die Erde geschlagen, verdrängt oder ausgelöscht werden, sondern gespalten werden, um unterscheiden zu können: Was taugt und was taugt nicht? Welche Triebe, Wünsche und Ängste sind persönlich geeignet und welche nicht?

Das Unbewußte, das Reich der Nacht und zugleich die Domäne des Weiblichen und Fraulichen hatten der Titelfigur gefehlt – in ihr selbst und als Gegenüber. Das hatte die betäubte, verfrorene Starre in das Leben der Person gebracht. Die bloße Umkehrung, sich dem nächtlichen Spuk anzuschließen und den »Affenzirkus« mitzumachen, wäre für den Narren-Helden keine Alternative, keine Lösung gewesen. Eine asiatische Redewendung nennt in einem schönen Bild die tatsächliche Aufgabe für den Titelhelden: Er muß lernen, »den Tiger zu reiten«.

Dazu hat er passende Gelegenheit in dem rasenden Bett (das für den Wassermann als *Flußbett* besonders beziehungsreich wird). Es verkörpert das verselbständigte Unbewußte der Person (»Es geht los«). Immerhin kann er jetzt, am Ende der ersten Nacht, sich dieser Dynamik des (eigenen) Unbewußten schon anvertrauen, was gleichsam eine historische Leistung darstellt. Er kann's noch nicht mit geschlossenen Augen, wie der Text verrät. Diese Hingabe besitzt er erst in der letzten Nacht, von der wir durch das Märchen erfahren, in der er zugleich das Gruseln lernt.

Wenn das Weibliche eigensinnig-unbewußt und das Unbewußte dämonisch-verdrängt wird, dann tritt das Männliche als halbierter Mensch in Erscheinung. So geschieht es in der zweiten Nacht im Schloß – und eingangs der Geschichte, wo *ein* Vater *zwei* auseinandergeratene Söhne besitzt. Sowie der Halbmensch wieder als ganzer zusammengestückelt ist, sieht er gräulich aus. Was für die Greuel wie auch für die Gräulichkeit in seinem Leben stehen kann.

Die Männer, die nach und nach erscheinen, machen ihr Spiel mit dem Tod. Die Totenbeine (Totenknochen) und Totenköpfe, die sie zum Kegeln benutzen, können ihre eigenen Knochen und Köpfe darstellen, mit denen sie spielen, ohne es zu merken. Insofern kommen hier die Gehenkten vom Galgen noch einmal ins Spiel und der Fall durch den Schornstein wiederholt den Sturz vom (Kirchen-)Turm und bedeutet eine verkehrte, gegen sich gerichtete männliche Sexualität, wenn der Schornstein als Phallus-Symbol verstanden wird.

Die Galgenvögel zeigen auch eine tödliche Art, ständig in der Luft zu hängen. Statt dessen soll eine persönliche Ganzheit in der Verbindung zwischen Himmel und Erde aufgebaut werden, das kann der Schornstein gleichfalls bedeuten.

Auf der anderen Seite spielen die Männer der zweiten Nacht mit dem Tode (den Totenbeinen) in dem Sinne, daß er ihr Gefährte und ihr Gegenüber ist. Sie halten Distanz, behalten ihn im Auge. Die runde Kugel bedeutet, als anrollende Kugel, die Gewißheit des Sterbens. Alles zu seiner Zeit. Solange rollt die Kugel, und sie stellt auch einen *geballten* und gezielten Einsatz der eigenen Lebensenergie dar. Damit die Kugel gut rollt und »Es« noch besser »losgehen« kann, dreht der Narren-Held die Kugel rund. Er verliert etwas Geld – nichts ist umsonst.

Die Überwindung der halbierten Männlichkeit – die Geister verschwinden schließlich »vor seinen Augen« und er »schlief ruhig ein« – fällt in dem Märchen damit zusammen, daß man mit dem Tod spielt und rechnet. Dadurch wird die Spaltung, der männliche Zwei-fel besiegt.

Die dritte Nacht im Schloß legt noch einmal zu. Eine Totenlade (ein Sarg; übrigens gibt es auch heute ein beliebtes Kegelspiel unter gleichem Namen) wird hereingetragen. Weil der Junge, der bald schon König sein wird, nun gelernt hat, den Tod mit ins Spiel zu nehmen, kann er (sich für) das »Vetterchen« erwärmen. Die sprachliche Ähnlichkeit läßt hier auch an »Väterchen« denken. Das könnte heißen: Die Begegnung mit dem Vater, der »erst vor ein paar Tagen gestorben ist«, für den Titelheld gestorben, weil er ihn nicht mehr ansehen wollte, – diese Begegnung wird nun nacherlebt. Als sich zeigt, daß »Väterchen« ihm tatsächlich an Luft und Atem will, wird der bereits vollzogene Abschied besiegelt. Die Rolle des »Vetterchen« ist – wie jede andere Figur – auch als eigener Anteil der Titelperson zu interpretieren. Irgend etwas in dem Helden-Narren selbst will ihm Atem und Vernunft nehmen. Und die Stunde ist nun gekommen, sich von diesem Quälgeist zu trennen. Es kann der Vater im Jungen sein, aber mehr noch *das Kind im Manne*, das hier als frisch verschiedenes »Vetterchen« Einzug hält und von dem der Akteur aus naheliegenden Gründen sich trennen muß – und erstmals trennen kann!

Wer auch immer dieses »Vetterchen« ist, es räumt nicht kampflos das Feld. Ihm folgt ein Riese, wohl die oberste Autorität im bisherigen Leben der Hauptfigur. Wenn der Vater schwach ist und die Mutter gänzlich fehlt, dann werden die *allgemeinen* Werte und Normen einer Gesellschaft umso maßgeblicher für das Kind. Die Macht »der Leute« basiert auf der Realität des Bisherigen, das einen so langen Bart hat wie der Unhold im Märchen.

Im Rahmen des Bisherigen ist kein Platz für einen Jungen, der von seiner Eigenart besonders betroffen ist.

Deshalb haut der Alte den Amboß in die Erde. Wieder vertritt der Alte – wie jede Figur – nicht nur eine »böse Außenwelt«, sondern auch einen Teil der Titelperson. Amboß ist auch ein Hörknochen. Der Junge hatte bisher kein Verständnis für seine persönliche Eigenart. Seine eigene Existenz, seine ureigene Grundlage ließ er in Grund und Boden verdonnern.

Das Schmiedefeuer gilt als Ort der Verwandlung und Läuterung. Wie dem Eisen, so geht es hier der Persönlichkeit und der Existenzkraft der Titelfigur: Sie wird zugleich fester und biegsamer. Es ist eine unterirdische, abgelegene Schmiede, d. h. das innerste Feuer wird berührt. Mit dessen Kraft nimmt die Hauptperson einen weiteren Unterschied vor. Weder kann er die Macht und die Realität des Bisherigen leugnen, um sein Eigenes zu verteidigen, noch will er deswegen vor Angst oder Scham wieder so im Erdboden versinken wie er es früher getan hat. Er spaltet den Amboß. Er hat sich von seinem »Vetterchen« getrennt und kann nun auf den Teil seiner bisherigen Selbstbehauptung, seines Eigensinns verzichten, der ihn tatsächlich ruinieren wollte.

Damit findet er auch im Amboß, inmitten der harten Realität des Faktischen Platz genug für einen Menschen seines Schlages. Das keilt den Alten fest.

Der Alte wird bestraft. Jedoch derselbe Alte, der eben noch so bedrohlich war, verwandelt sich, führt den Jungen zu dem Schatz und löst sich dann in Luft auf. Ganz wie der alte König, der Vertreter der alten Vorstellungen, der dem Narren–Held ab einem gewissen Punkt zu Hilfe kommt, um ihn schließlich zum neuen König zu krönen.

Unser Held aber vertraut sich selbst im Dunkeln, als der alte Geist verschwindet.

Die Überraschung in der Schlußpassage des Märchens wiederum ist das Kammermädchen, das die Lösung mit den »Gründlingen« kennt. Das Weibliche bekommt einen gleichberechtigten Stellenwert. Zum Schluß stehen den zwei Männern (neuer und alter König) zwei Frauen gegenüber (Königin und Kammermädchen). Das sind vier Personen, im Vergleich zu drei Charakteren am Anfang der Handlung. Wo kommt nun die vierte Person, das Kammermädchen her?

Sie ist an die Stelle des alten Bewußtseins getreten (an Stelle des verschwundenen Riesen) und drückt ein neues Bewußtsein aus, daß sich seine Gründe (»Gründlinge«) aus dem »Bach, der durch den Garten floß«, d. h. aus dem, was natürlich und im Fluß ist, holt.

Das »Vetterchen« symbolisiert einen Quälgeist, den die Titelgestalt mit sich und in sich getragen hat, bis fast zum Schluß, obwohl dieses ihm an den Kragen wollte. An Stelle des Quälgeistes verkörpert das Kammermädchen einen *dienstbaren Geist*. Die Fähigkeit, zu unterscheiden und das Eigene zu erkennen, hat der Narren-Held im Laufe der Geschichte erworben. Sein Geist, sein Bewußtsein, hat sich dadurch gründlich gewandelt. Seine Betroffenheit macht ihn wach und schaudern. Das ist es, was er gefürchtet und gesucht hat: Aufzuwachen, Gefühle zu haben und sich seiner Seele bewußt zu sein.

Der Zauber des Eigenen

Symbolkunde für aufgeweckte
Wassermann-Herzen

Jedes Tierkreiszeichen steckt auf seiner Art in einem Dilemma, das durch die eigenen Qualitäten verursacht, jedoch auch gelöst werden kann. Daraus ergeben sich Gärungs- oder Reifeprozesse. Der Zweck einer Symbolkunde besteht wohl in der gedeihlichen Bewältigung sowie im Genuß dieser persönlichen Lösungsaufgaben.

Existenzgründe

Für den Wassermann konzentrieren sich Krise und Happy-End, Anfang und Ende seines Werdegangs zu sich selbst auf den Bereich der *Luft*, der Geisterverfassung, und auf die Frage der persönlichen *Existenz* in einem kosmischen Maßstab.

Das Märchen, das wir soeben verfolgen konnten, bestätigt diese Aussage. Denn obwohl es um das Wasser und um die Geburt der Seele (also um eine Art Taufe) geht, wird die Lösung im Bereich des Geistes entschieden. In der »Geisterstunde« zwischen Tag und Traum erlebt der Märchen-Held und der Wassermann in uns allen seine ersten und seine letzte Herausforderungen. Die unbegriffene eigene Existenz ist wie ein Riese, der jedes Verständnis vernichtet. Andererseits: Nur die eigenen Existenzbedingungen (derselbe Riese) führen zu den wirklichen Schätzen. Aus diesem Grund muß sich das vorhandene Wissen nützlich machen wie das Kammermädchen, damit Geist und Existenz, Bewußtheit und Sein zusammenkommen können.

Wissen, Geist und Luft sind nicht aus dem Nichts geboren: *Sie haben ihre Gründe.* Intellekt, Nerven- und Gedankenkraft haben ihre Entstehungsgrundlagen, und diese begründen auch aktuelle Aufgaben. Diese »Gründlinge« sind im Gartenbach abzuholen, also in dem, was quasi vor der Haustür *im Fluß* ist. Allerdings können diese persönlichen Existenzgründe nur am eigenen Leib und nicht ohne Betroffenheit erfahren werden.

Erlösung des Eigenen

Wenn die junge Königin am Ende des Märchens dem schlafenden König die Decke wegzieht, dann »entdeckt« sie ihren Gemahl. Auch aus dieser Perspektive sollten wir die Märchenhandlung betrachten. Die anschließende Szene, in der die Frau den Eimer Wasser ausgießt, stellt eine *beiderseitige* Befreiung dar. *Er* weiß jetzt, was Gruseln ist. *Sie* aber hat das schon lange gewußt (und wenn nicht mehr als Königin, so doch als Mädchen). *Ihre* Erlösung besteht darin, daß sie ihre Gefühle und Bedürfnisse nun dosieren kann, daß sie das Wasser »eimerweise« *übertragen* kann, vom Selbstlauf der Dinge (Fluß) zur nützlichen Anwendung.

Wenn Bewußtes und Unbewußtes zusammenwachsen, entsteht ein Flußbett mit Garten, worin Natur und Geist sich zu einem Stück fruchtbarer Kultur vereinigen. Solange eine *solch gemeinsame Nutzung* der elementaren Kräfte Wasser und Erfindungsgabe nicht erreicht ist, stehen beide Seiten im Abseits. Ein Geist, der nicht begreift, wozu er gut ist, ist bewußtlos, obwohl er vielleicht pausenlos neue Ideen hervorbringt. Das betrifft insoweit den Narren-Helden. Aber auch eine Natur, die die Dinge laufen läßt, wie sie laufen, ist sinnlos, obwohl es ihr an Sinnen vielleicht nicht mangelt. Das gilt für die Königstochter.

Die Ohnmacht am Tage, die beide — Narr und Königstochter — zum Ausdruck bringen, wird begleitet von der nächtlichen Übermacht eines verdrängten Geistes (Schmiedefeuer) und einer verselbständigten Natur (Katzen und Hunde). Beide müssen jeweils Ohn- und Übermacht abschütteln, und dies gelingt, als der Mann vertrauensvoll und ahnungslos im Schlaf liegt und die Königin ihn entdeckt.

Die *Frau, die den Kübel Wasser ausgießt*, ist mehr als die junge Königin dieses einen Märchens. Sie ist die weibliche Version des uralten Wassermannbildes (die u. a. auf den Tarot-Karten des »Stern« dargestellt ist). Nicht nur der frühere Narren-Held und jetzige König ist »typisch Wassermann«, auch die Königin *ist* Wassermann. Beide sind die »Stars« der Geschichte. In den »Gründlingen« begegnet der König als Wassermann sich selbst, denn die Gründlinge stammen aus dem »Fluß«, seinem Zuhause. Zugleich aber offenbart sich in den Gründlingen auch die Königin selbst, die bisher gleichsam im Bach des Schloßgartens ein abgelegenes Dasein geführt hat.

König und Königin erkennen sich selbst in der/dem anderen. Da ist der Bann gebrochen. Das Eigene wird sowohl bestätigt wie aufgehoben. Das besiegt die früheren Dämonen, zusammen mit der vormaligen bedeutungsmäßigen Nichtexistenz der Frau und der vorherigen empfindungsmäßigen Betäubung des Mannes.

Der König wirkt jetzt wie ein Puppenspieler, der plötzlich merkt, daß an den Fäden, an denen er zieht, auf der anderen Seite auch er selbst sich befindet! Und die Königin gleicht einer Puppe, die nun bemerkt, daß auch sie es ist, die die Fäden in der Hand hält, an denen sie gezogen wird.

Erforschung des Eigenen

Mit diesem glücklichen und hart erkämpften Ende erzählt das Märchen zugleich auch eine Parabel. Es gibt ein gutes Beispiel für die heutige Bedeutung von Symbolkunde bei der Erforschung des Eigenen.

Symbole bringen verschiedene Seiten in einem Ganzen zusammen, und sie lassen in einem gegebenen Ganzen *unterschiedliche Anteile erkennbar* werden. »Symbolon« heißt aus dem Altgriechischen »das, was zusammen(-)geworfen wurde«. Das bedeutet soviel wie »das Zusammengefügte« und »das Mitgegebene«.

Als Symbolon oder symbolum galten im Altertum manchmal die zwei Hälften einer Nußschale oder einer Tonscherbe. Nur zwei zusammengehörige Teile paßten wirklich zusammen. Daran anknüpfend läßt sich zur heutigen Symbolkunde sagen, daß auch in ihr sich das Bestreben meldet, zwei und viele Seiten in einem Ganzen zusammenzufügen. Symbolkunde ist insoweit ein Spiegel und ein Training für ein persönliches Bemühen um Ganzheit, um einen »roten Faden« und um ein Mosaik, das aus vielen Steinchen *ein* Bild zusammensetzt.

Symbole sind heilsam, wenn es darum geht, Risse und Sprünge zu kitten. Symbole bauen Brücken. Brükken halten aber auch – das darf nicht übersehen werden – Abstand.

Symbolon, »das Zusammengeworfene«, kann ebenso Verschmelzung bedeuten – das, was »in einen Topf geworfen«, auf einen Haufen getürmt oder auf *eine* Karte gesetzt wurde – vieles oder alles auf einmal!

Hier bewirkt Symbolkunde eine bewußtere Unterscheidung. Wenn an einer Tarot-Karte oder einem Traumsymbol statt einer nun mehrere Bedeutungen wahrgenommen werden können, dann geht die frühere willkürliche Signalwirkung dieses Symbols in eine *Deutungsarbeit* über, in der persönliche Autonomie sich überhaupt entwickeln kann. Insofern ist Symbolkunde ebenfalls heilsam, wenn es darum geht, Trennungen und Brechungen vorzunehmen.

Eine Gesellschaft von »Stars«

Eine persönliche Verbindung und Unterscheidung von Bewußtem und Unbewußtem ist historisch eine ganz neue Aufgabe, jedenfalls als Massenthema. Künstler und Künstlerinnen oder Eingeweihte kannten diese Problematik des Eigenen, das zugleich Wunschziel und verfluchte Last darstellt, schon in der weiteren Vergangenheit; aber bis um die letzte Jahrhundertwende waren das Einzelne.

Heute sind es viele. Das ruft nicht nur ein steigendes Interesse an den Symbolsprachen im Verein mit den sogenannten »Grenzwissenschaften« hervor. Sondern

140

auch innerhalb der Symbolsprachen ändert sich aktuell vieles.

Der Umgang mit speziellen Symbolen, zum Beispiel aus der Traumdeutung oder dem Tarot, erweist sich als übertragbar auf alltägliche Symbole und gewöhnliche Ereignisse. Das eröffnet für die Wahrnehmung im Alltag, aber auch für das Verständnis der traditionellen Symbolsprachen neue Dimensionen.

Eine Anekdote zur Verdeutlichung: In seinem Romanwerk »Auf der Suche nach der verlorenen Zeit« beschreibt der französische Schriftsteller Marcel Proust ein aufrüttelndes Erlebnis – mit einem Kuchengebäck. Der Geruch von in Lindenblütentee getauchten Madeleines versetzt ihn zurück in seine Kindheit, löst einen Taumel von Erinnerungen aus, ja, bringt ihm eine vergessene Welt wieder zum Vorschein, der er sich anschließend mit Ausdauer widmet. – Kuchen ist Kuchen und Tee ist Tee. Aber manchmal kommt diesen Dingen auch eine Bedeutung zu, die weit über sie selbst hinausführt. Was früher im Extrem wie ein Spuk gewirkt hat, solche überraschenden Eigenarten von vertrauten Dingen können durch Erfahrungen in der Symbolkunde besser verstanden und gemeistert werden.

Eine Massengesellschaft von Individualisten, von Lebenskünstler/inne/n und von Eingeweihten des Eigenen ist in der Geschichte ohne Beispiel, für uns jedoch eine sinnvolle Option, eine entscheidungsreife Sehnsucht.

Früher hieß es ehrfurchtsvoll, frei nach Shakespeare: »Es gibt mehr Dinge zwischen Himmel und Erde als die Schulweisheit sich erträumen läßt.« Heute können wir mit nicht weniger Respekt sagen: »Zwischen Himmel und Erde findet sich der Mensch, der sich selbst Offenbarung und Geheimnis ist.« Vielleicht anders, als in der Schule gelernt. Aber Schulen ändern sich. Der Mensch jedenfalls ist »Bürger zweier Welten« – mit den Füßen auf dem Boden und mit dem Kopf im Himmel. *Dazwischen ist das menschliche Bewußtsein, die bewußte persönliche Existenz.*

Indem der Mensch die Geister nicht nur vertreibt, sondern auch beerbt und in sich aufhebt, streckt er seine Fühler in das Zwischenreich, in den Luftraum aus. Der Mensch wurde und wird in einem Milieu heimisch, das zuvor sehr, sehr viel unbekannter war. Die Luft, das Geistreich bleibt zwar unsichtbar. Aber wenn man selbst darin fliegt, sich auf- und abschwingt – dann weiß man von der tragenden Kraft und den Strömungen in diesem Element. *So wissen wir heute aus Erfahrung von der Existenz dieser Welt zwischen den Welten, sie ist nicht länger eine Glaubens- oder Einstellungsfrage.*

Anmerkungen

S. 27: Bertolt Brecht, zit. n. einer Schulungsunterlage der IG Druck und Papier, Springen/Ts. 1982

S. 32: Liz Greene: Saturn. München 1983
C. G. Jung: Bewußtes und Unbewußtes. Frankfurt a. M. 1957, 1986, S. 103 ff.

S. 35: Rudolf Kühn: Die Himmel erzählen. Astronomie heute. München-Zürich 1962, S. 86 ff.

S. 50: Die vorliegende Zuordnung der Tarot-Karten zu Tierkreiszeichen und Planeten geht auf den Golden-Dawn-Orden (Orden der Goldenen Dämmerung) zurück. Dieser war eine Rosenkreuzer-Vereinigung in England. 1888 gegründet, zerfiel er bald nach 1900 wieder. Seine Bedeutung besteht v. a. darin, daß der Orden ein Erbe der reichhaltigen esoterischen Theoriebildungen des 19. Jahrhunderts war, die er seinerseits zusammenzufassen suchte. Die Tarot-Karten spielten dabei eine Rolle unter vielem anderen. Die heute gängigsten Tarot-Karten (Rider Waite Tarot und Crowley Thoth Tarot, ohne welche die Tarot-Welle der letzten 10 bis 20 Jahre nicht vorstellbar ist) gehen auf Urheber/innen zurück, die zuvor einmal Mitglied im Golden-Dawn-Orden gewesen sind: Pamela Colman Smith und Arthur E. Waite sowie Lady Frieda Harris und Aleister Crowley.

Bei der Konzeption ihrer Karten folgten beide Produzentenpaare – mit geringen Unterschieden – in der Zuordnung zur Astrologie dem Golden-Dawn-Muster, das auch in diesem Buch wiedergegeben ist. Deshalb finden sich die hier genannten Zuordnungen im Rider-Tarot oftmals im Kartenbild wieder (z. B. Widder-Zeichen auf der Karte »IV-Der Herrscher« und Stier-

Köpfe im Bild des »Münz-Königs«), und auf den Crowley-Karten sind diese selben Zuordnungen fast sämtlich als Zeichen angegeben.

Literatur dazu: Robert Wang: Der Tarot des Golden Dawn. Sauerlach 1985. – Israel Regardie: Das magische System des Golden Dawn. 3 Bde. Freiburg 1987. – Evelin Bürger & Johannes Fiebig: Tarot – Spiegel Deiner Möglichkeiten. 6. Aufl. Trier 1989, S. 111.

Neben der vorliegenden gibt es mehr als ein halbes Dutzend weitere Arten der Zuordnung, die in der Literatur vorgeschlagen werden. Diese sind jedoch nicht empfehlenswert, meist schon aus formalen Gründen, weil jeweils nur einem Teil der insgesamt 78 Tarot-Karten astrologische Werte beigeordnet wurden. Inhaltliche Probleme entstehen daraus, daß die Tarot-Karten hauptsächlich zur Erläuterung von astrologischen oder sonstigen archetypischen Prinzipien benutzt werden und somit ihr Eigenleben verlieren. Das gilt auch für das Buch zu den im übrigen schönen Tarot-Karten von Mertz/Struck: B. A. Mertz und Paul Struck: Astrologie und Tarot. Interlaken 1981. Eine Übersicht über verschiedene Zuordnungsweisen finden Sie in: Stuart R. Kaplan, The Encyclopedia of Tarot. Bd. 1. New York 1978, S. 4 f.

S. 50: »In meinem Film bin ich der Star« – Zeile aus dem Lied »Eiszeit« der Gruppe »Ideal«, Anfang der 1980er Jahre.

S. 55: Narzissenöl als Narkotikum, vgl. Robert von Ranke-Graves: Griechische Mythologie. Quellen und Deutung. Bd. 1. Reinbek 1960, S. 261.

S. 56: Zur Verbindung von Pan und »Narr« bzw. von Pan und Ursprung des Bewußtseins, vgl. Aleister Crowley: Das Buch Thoth (Ägyptischer Tarot). Waakirchen

1981, S. 63. – Hans-Dieter Leuenberger: Das ist Esoterik. Freiburg 1985, S. 26 ff., bes. S. 41.

S. 59: »Du kannst doch selber wählen« – Zeile aus dem Lied »Unter dem Pflaster liegt der Strand«, Text und Musik von Angi Domdey, 1978.

S. 70: Edwin J. Nigg: Wahrsagen mit Tarot-Karten. Niedernhausen 1979, S. 90.

S. 95: »Unser Kopf ist rund, damit...« – Äußerung von Francis Picabia, zitiert nach einer Postkarte der Edition Nautilus, Hamburg, o. J.

S. 96: Zu den Schulen und zum Stand der Traumdeutung, s. die gute Literaturübersicht von Klausbernd Vollmar: Aus dem Reich der Träume, in: esotera 2/89, S. 77 ff.

S. 100: Heinrich Böll: Doktor Murkes gesammeltes Schweigen, in: ders.: Nicht nur zur Weihnachtszeit. Satiren. München 1966, S. 87 ff. – Joachim Ernst Berendt: Nada Brahma. Die Welt ist Klang. Reinbek 1985, S. 28 ff.

S. 101: Zum Palmieren vgl. – stellvertretend für eine Reihe von Augenübungsbüchern – Lisette Scholl: Das Augenübungsbuch. Leitfaden für einen ganzheitlichen Weg zum besseren Sehen. Berlin 1981 (danach auch als Taschenbuch).

S. 118: Vgl. die Deutung des zum Teil ähnlich gelagerten Märchens »Von dem Burschen, der sich vor nichts fürchtet«, in: Verena Kast: Wege aus Angst und Symbiose. Märchen psychologisch gedeutet. Olten 1982, S. 23 ff. – Vgl. auch Helmut Remmler: Der Königssohn, der sich vor nichts fürchtet. Mit vierzig fängt das Leben an. Stuttgart 1984.

S. 127: Sigmund Freud: Erinnern, Wiederholen und Durchar-

beiten (Weitere Ratschläge zur Technik der Psychoanalyse II), in: ders.: Studienausgabe Ergänzungs-
band. Schriften zur Behandlungstechnik. Frankfurt
a. M. 1982, S. 205 ff.

S. 141: Die Anekdote mit Marcel Proust – nach einer Hör-
funksendung WDR II, Frühjahr 1986; ohne weitere
Angaben. – »Es gibt mehr Dinge zwischen Himmel
und Erde...«, vgl. Wilhelm Unger: »Wofür ist das ein
Zeichen?« Auswahl aus den Werken. Hrsg. v. Meret
Meyer. Köln 1984, S. 302.

Literaturhinweise

Astrologie

Döbereiner, Wolfgang: Astrologisches Lehr- und Übungsbuch. Münchner Rhythmenlehre. 6 Bände. München 1984 ff.

ders.: Heyne Tierkreis-Bücher. 12 Bände von Widder bis Fische. München 1974

Greene, Liz: Schicksal und Astrologie. Die Familie im Spiegel des Horoskops. München 1985

Huber, Louise: Die Tierkreiszeichen. Reflexionen, Meditationen. 2. Aufl. Zürich 1983

Karrer, Iso: Tierkreis und Jahreslauf. Astrologie in Mythos und Volksbrauch. Basel 1985

Meyer, Hermann: Astrologie und Psychologie. Eine neue Synthese. München 1981, Reinbek 1986

Riemann, Fritz: Lebenshilfe Astrologie. Gedanken und Erfahrungen. München 1977

Sakoian, Frances, und Louis S. Acker: Das große Lehrbuch der Astrologie. München 1984

Sun Bear & Wabun: Das Medizinrad. Eine Astrologie der Erde. 6. Aufl. München 1984

Tarot

Bürger, Evelin, und Johannes Fiebig: Tarot – Spiegel Deiner Möglichkeiten. 6. Aufl. Trier 1989

Crowley, Aleister: Das Buch Thoth (Ägyptischer Tarot). Waakirchen 1981

Deutsches Spielkarten-Museum: Tarot – Tarock – Tarocchi. Tarocke mit italienischen Farben. Bearbeitet von Detlef Hoffmann und Margot Dietrich. Leinfelden-Echterdingen 1988 (Ausstellungskatalog; erhältlich beim Deutschen

Spielkarten-Museum, Schönbuchstr. 32, D-7022 Leinfel-den-Echterdingen)

Fiebig, Johannes: Tarot – Andere Wege im Alltag. 2. Aufl. Bonn 1988

Francia, Luisa: Hexentarot. Traktat gegen Macht und Ohn-macht. 4., erw. Aufl. Zürich o. J. (1984)

Papus (Gérard Encausse): Tarot der Zigeuner. Interlaken 1985

Pollack, Rachel: Tarot. 78 Stufen der Weisheit. München 1985

Waite, Arthur E.: Der Bilderschlüssel zum Tarot. Waakirchen 1978

Ziegler, Gerd (Bodhigyan): Tarot. Spiegel der Seele. Sauer-lach 1984

Traumdeutung

Adler, Alfred: Lebenskenntnis. Frankfurt a. M. 1978

Aeppli, Ernst: Der Traum und seine Deutung. München 1984

Doucet, Friedrich W.: Traum und Traumdeutung. München 1973

Freud, Sigmund: »Selbstdarstellung«. Frankfurt a. M. 1971

Hark, Helmut, Verena Kast, Ingrid Riedel (Hrsg.): *Reihe* Träume als Wegweiser (Traumbild Baum, Traumbild Fuchs usw.) Olten und Freiburg 1986 ff.

Harnisch, Günter: Das große Traum-Lexikon. Freiburg 1989

Jacobi, Jolande: Die Psychologie von C. G. Jung. Eine Ein-führung in das Gesamtwerk, mit einem Geleitwort von C. G. Jung. Frankfurt a. M. 1978

Mann, Thomas: Freud und die Zukunft; in: Sigmund Freud: Abriß der Psychoanalyse. Das Unbehagen in der Kultur. Frankfurt a. M. 1970

Vollmar, Klausbernd: Dream Power. Ein Handbuch für Träu-mer. Berlin 1988

Märchen/Märchendeutung

Drewermann, Eugen, und Ingrit Neuhaus: *Reihe* Grimms Märchen tiefenpsychologisch gedeutet. Olten und Freiburg 1982ff.

Fiebig, Johannes: Märchen heute – was sie uns bedeuten. Planungsmaterial für den Deutschunterricht (in der Reihe: Deutsch – betrifft uns, hrsg. v. Guido Ossemann). Aachen 1985

Grimm, Brüder Jacob und Wilhelm: Kinder- und Hausmärchen. Urfassung 1812/1814. Mit einem Nachwort von Peter Dettmering. Lindau o. J.

dies.: Kinder- und Hausmärchen. Jubiläumsausgabe zum 200. Geburtstag 1985/6: Ausgabe letzter Hand mit den Originalanmerkungen der Brüder Grimm, hrsg. v. Heinz Rölleke. Stuttgart 1984

Heidebrecht, Brigitte (Hrsg.): Dornröschen nimmt die Heckenschere. Märchenhaftes von 30 Autorinnen. Bonn 1985

Hetmann, Frederik: Traumgesicht und Zauberspur. Märchenforschung – Märchenkunde – Märchendiskussion. Frankfurt a. M. 1982

Kast, Verena: Wege aus Angst und Symbiose. Märchen psychologisch gedeutet. Olten und Freiburg 1982

Konrad, Johann Friedrich: Hexen-Memoiren. Märchen entwirrt und neu erzählt. Frankfurt a. M. 1981

Seifert, Theodor (Hrsg.): *Reihe* Weisheit im Märchen. Zürich 1984ff.

Verschiedenes zur Symbolkunde

Bächtold-Stäubli, Hanns, und Eduard Hoffmann-Krayer (Hrsg.): Handwörterbuch des deutschen Aberglaubens. 10 Bände. Berlin 1927–42

Feldenkrais, Moshé: Die Entdeckung des Selbstverständlichen. Frankfurt a. M. 1985

Fromm, Erich: Märchen, Mythen, Träume. Eine Einführung in das Verständnis einer vergessenen Sprache. Reinbek 1981

Herder-Lexikon: Symbole. Freiburg 1978

Kellerer, Christian: Der Sprung ins Leere. Objet trouvé – Surrealismus – Zen. Köln 1982

Lang, Hermann: Die Sprache und das Unbewußte. Jacques Lacans Grundlegung der Psychoanalyse. Frankfurt a. M. 1986

Miers, Horst E.: Lexikon des Geheimwissens. München 1986

Moog, Hanna (Hrsg.): Die Wasserfrau. Von geheimen Kräften, Sehnsüchten und Ungeheuern mit Namen Hans. Köln 1987

Rosenberg, Alfons: Einführung in das Symbolverständnis. Freiburg 1959

Ruck-Pauquèt, Gina: Geschichten für das Wassermann-Kind. Bayreuth 1983

Unger, Wilhelm: »Wofür ist das ein Zeichen?« Auswahl aus veröffentlichten und unveröffentlichten Werken des Kritikers und Autors, mit einem Vorwort von Alfred Neven DuMont, hrsg. v. Meret Meyer, Köln 1984

Wittlich, Bernhard: Symbole und Zeichen. 2. Aufl. Bonn 1982

Register

Vorbemerkung: Neben der praktischen Orientierungshilfe finden Sie im Register Querverweise. Verschiedene Buchteile treten in Dialog. So stellen z. B. die Stichworte »Fuhrmann« und »Zweifel« Verbindungen zwischen dem Tarot- und dem Märchen-Teil her. Beachten Sie auch die inhaltlichen Anregungen, die sich ergeben, wenn hier – alphabetisch zufällig, bedeutungsmäßig aber passend – sich die Begriffspaare bilden: »Krone/ Kronos«, »Taube/Tabu« und »Schmiede/Schmuck«.

Einige Begriffe, wie Sensation, Bewußtsein und Eigenes, fehlen im Register, weil sie sich auf das ganze Buch beziehen, genauso wie das Stichwort Wassermann. Weitere Zusammenhänge zu registrieren, ist dann Sache der Fantasie und der Erinnerungskraft. So beispielsweise die Beziehung vom Schnee (Astrologie) zur weißen Sonne beim »Narren« (Tarot), weiter zur weißen Taube (Traumdeutung) und zum weißen Turmgeist (Märchen).

152

Weitere Veröffentlichungen von Johannes Fiebig

Evelin Bürger & Johannes Fiebig:
Tarot – Spiegel Deiner Möglichkeiten
Bonn 1984; 6. Auflage Trier 1989
Verlag Kleine Schritte. ISBN 3-923261-05-5.
128 Seiten. Zahlr. Abbildungen

Eines der erfolgreichsten deutschsprachigen Tarot-Bücher.
»... ein wichtiges, bedeutsames und interessantes Buch« (Stuart
R. Kaplan, U.S. Games Systems, Herausgeber von Tarot-Karten)

Johannes Fiebig:
Tarot – Andere Wege im Alltag
Bonn 1987; 2. Auflage 1988
Verlag Kleine Schritte. ISBN 3-923261-10-1.
128 Seiten. Zahlr. Abbildungen

»Fiebig, erfahrener Tarot-Anhänger, schlägt ein neues Kapitel im
Tarot-Kartenlegen auf. Während die üblichen Handbücher mehr
dem traditionellen Muster verhaftet sind, baut er auf selbständige Orientierung: Man legt sich selbst die Karten, gibt sich eigene Spielregeln und geht auf Spurensuche. Somit werden die
Karten zum Spiegel der eigenen Geistesverfassung auf der Sym-
bolebene. Um hierbei nicht den Faden zu verlieren, bedarf es der
Schulung der Assoziationskraft, des Deutungs- und Interpreta-
tionsvermögens und des Auswertungstrainings. Dies alles, di-
daktisch sehr einleuchtend (...), bietet Fiebig, so daß man sein
Taschenbuchbuch als Grundlagenwerk für fortgeschrittene Ta-
rot-Fans (...) empfehlen kann.«
(Uwe-F. Obsen, ekz-Informationsdienst 6/88)

Johannes Fiebig:
Märchen heute – was sie uns bedeuten
Aachen 1985 ff.
Verlag Bergmoser + Höller. ISSN 0178-0417.
40 Seiten Loseblatt DIN A 4

In der Reihe »Deutsch – betrifft uns. Planungsmaterial für den
Deutschunterricht«, hrsg. v. Guido Ossemann, Heft 2/85.

Weitere Produktionen von Evelin Bürger

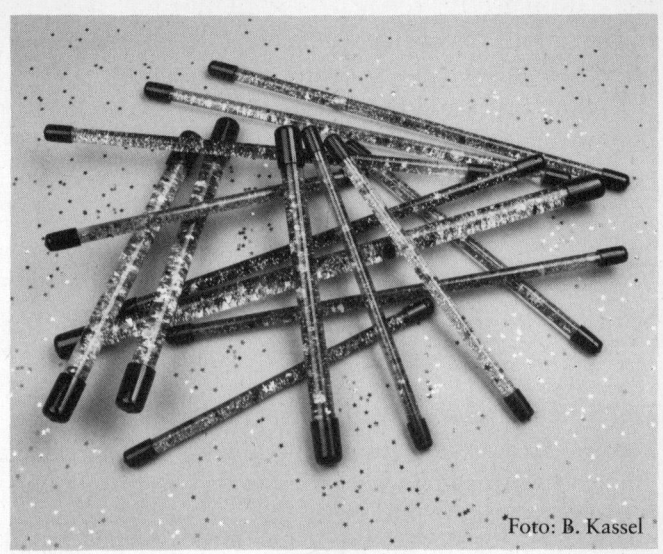

Foto: B. Kassel

**Königsfurt –
Zauberstäbe**

in verschiedenen Farben und Längen, schnell und ruhig
fließend – wunderschön und funkelnd.

*Ein beliebter Spiel- und Geschenkartikel!
Freude für Kinder und Erwachsene.*

Erhältlich auch in vielen Buchhandlungen.
Fragen Sie in Ihrer ›zauberhaften‹ Buchhandlung nach.

Einladung zur Stellungnahme

Der »Königsfurt Verlag« produziert und vertreibt Bücher und Nicht-Bücher in den Themengebieten »Psychologie – Symbolsprachen – Esoterik«.

Evelin Bürger und Johannes Fiebig haben den Verlag im hohen Norden (unweit von Kiel) im Sommer 1989 gegründet. Das Verlagsprogramm wird im Buchbereich Werke von alten und neuen, von bekannten und unbekannten Autorinnen und Autoren vorstellen, die dazu beitragen, im »Sinnjahrzehnt« der 1990er Jahre neue Orientierungen und brauchbare Erklärungen zu finden.

Wenn Sie Interesse am Verlagsprogramm haben, schreiben Sie! Sie werden dann regelmäßig über Neuerscheinungen informiert und nehmen an der Verlosung von Buchpreisen teil.

Schreiben Sie von Ihren Erfahrungen mit dem vorliegenden Buch. Teilen Sie Ihre Kritik und Ihre Anregungen mit. Machen Sie Vorschläge für neue Veröffentlichungen. Ihre Meinung zählt.

Vielen Dank für Ihr Interesse und für Ihr Engagement.

Königsfurt Verlag

Königsfurt 6
D-2371 Klein Königsförde
am Nord-Ostsee-Kanal

Königliches Vergnügen

Spannung, Unterhaltung und Besinnlichkeit bietet Ihnen die Buchreihe *Symbolsprachen* im neugegründeten Königsfurt Verlag. Zum ersten Mal werden hier Märchen, Traumdeutung, Tarot und Astrologie im Zusammenhang miteinander dargestellt. Im Bereich Tarot erstmalig *gemeinsame Interpretation* von Rider-, Crowley- und Marseiller Tarot.

Bereits erschienen:

Johannes Fiebig: **Der Glanz des Dunklen.**
Der Steinbock in uns allen. ISBN 3-927808-10-5

Johannes Fiebig: **Der Zauber des Eigenen.**
Der Wassermann in uns allen. ISBN 3-927808-11-3

Die nächsten Titel (Frühjahr 1990):
Johannes Fiebig: **Auf der Suche nach dem Eingemachten.**
Der Stier in uns allen. ISBN 3-927808-02-4

Johannes Fiebig: **Schneller als der Schatten.**
Die Zwillinge in uns allen. ISBN 3-927808-03-2

Es folgen (Sommer 1990):
Tierkreiszeichen Jungfrau in uns allen. ISBN 3-927808-06-7
Die Waage in uns allen. ISBN 3-927808-07-5

Die weiteren Titel 1990/91:
Die Fische in uns allen. ISBN 3-927808-12-1
Der Widder in uns allen. ISBN 3-927808-01-6
Tierkreiszeichen Krebs in uns allen. ISBN 3-927808-04-0
Der Löwe in uns allen. ISBN 3-927808-05-9
Der Skorpion in uns allen. ISBN 3-927808-08-3
Der Schütze in uns allen. ISBN 3-927808-09-1

Jeder Band 160 Seiten, zahlr. Abbildungen, DM 14,80.

Wie geht das Lesen weiter für den Wassermann?

In der Reihe »Symbolsprachen« bringt der Königsfurt Verlag für jedes Tierkreiszeichen einen Band wie den vorliegenden heraus.

Das bedeuten die anderen Zeichen für den Wassermann:

Durch den Widder erfährt der Wassermann die Wirksamkeit seiner Gedanken.
Im Stier besitzt der Wassermann Fundament und Keller.
Die Zwillinge führen den Wassermann zu neuen Paradiesen.
Der Krebs bedeutet für den Wassermann (Gefühls-)Arbeit und Erfüllung.
Im Löwen erlebt der Wassermann Bedeutung und Kraft des Eigenen.
Mit der Jungfrau trägt der Wassermann Licht ins Dunkle.
Mit der Waage erkennt der Wassermann den tanzenden Kosmos.
Durch den Skorpion erreicht der Wassermann die Höhepunkte seiner Leidenschaften.
Durch den Schützen versteht der Wassermann seine Ziele und sein Wissen.
Durch den Steinbock findet der Wassermann Frieden und Gewißheit.
Die Fische helfen dem Wassermann vorzüglich, sein Haus im Fluß zu bauen.

Wenn Sie mehr über die Bedeutung der Tierkreiszeichen, die in Ihnen wirken, wissen wollen, dann besorgen Sie sich in Ihrer Buchhandlung die Tierkreiszeichen-Bücher aus der Reihe »Symbolsprachen«.
Dabei wünscht Ihnen viel Vergnügen

Ihr KÖNIGSFURT VERLAG